O CAMINHO DO CLIENTE

RICARDO PENA

O CAMINHO DO CLIENTE

O SEGREDO PARA CRIAR UMA EXPERIÊNCIA DO CLIENTE QUE VAI ALAVANCAR O SEU NEGÓCIO

★ ★ ★ ★ ★

Gente
AUTORIDADE

Diretora
Rosely Boschini

Gerente Editorial Sênior
Rosângela de Araujo Pinheiro Barbosa

Editora Sênior
Audrya Oliveira

Assistente Editorial
Mariá Moritz Tomazoni

Produção Gráfica
Leandro Kulaif

Preparação
Elisabete Franczak

Projeto Gráfico
Marcia Matos

Capa, Adaptação e Diagramação
Vanessa Lima

Revisão
Wélida Muniz

Impressão
Assahi

CARO(A) LEITOR(A),
Queremos saber sua opinião sobre nossos livros.
Após a leitura, siga-nos no linkedin.com/company/editora-gente, no TikTok @editoragente e no Instagram @editoragente, e visite-nos no site **www.editoragente.com.br**.
Cadastre-se e contribua com sugestões, críticas ou elogios.

Copyright © 2024 by Ricardo Pena
Todos os direitos desta edição são reservados à Editora Gente.
Rua Natingui, 379 – Vila Madalena
São Paulo, SP – CEP 05443-000
Telefone: (11) 3670-2500
Site: www.editoragente.com.br
E-mail: gente@editoragente.com.br

Dados Internacionais de Catalogação na Publicação (CIP)
Angélica Ilacqua CRB-8/7057

Pena, Ricardo
   O caminho do cliente : o segredo para criar uma experiência do cliente que vai alavancar o seu negócio / Ricardo Pena. – São Paulo : Autoridade, 2024.
   192 p.

ISBN 978-65-6107-004-1

1. Desenvolvimento profissional 2. Negócios I. Título II. Pena, Ricardo

24-1331   CDD 658.3

Índices para catálogo sistemático:
1. Desenvolvimento profissional

NOTA DA PUBLISHER

Em um mercado competitivo, em que a expansão dos negócios é essencial para a sobrevivência e o sucesso empresarial, a arte de proporcionar experiências excepcionais para o cliente se torna uma vantagem estratégica crucial. Este livro é um convite para mergulhar nessa temática a partir de uma visão inovadora sobre como criar vínculos duradouros e transformar negócios por meio de experiências marcantes.

Com sua vasta experiência no campo da tecnologia e sua dedicação ao estudo do *customer experience* nos principais institutos dos Estados Unidos, Ricardo Pena traz aqui uma abordagem única e prática para entender e mapear a jornada do cliente. Ao apresentar os sete passos do Mapeamento da Jornada do Cliente, ele capacita você a criar estratégias que não apenas satisfazem as necessidades do cliente, mas também o encantam ao longo da jornada de compra.

Mais do que apenas uma técnica comercial, as experiências positivas descritas por Ricardo representam um catalisador para uma mudança mais profunda na sociedade. Com uma narrativa envolvente e exemplos práticos, este livro se destaca como um guia indispensável para quem busca expandir seus negócios, conquistar a fidelidade dos clientes e fazer parte do movimento das experiências inesquecíveis.

Rosely Boschini – CEO e Publisher da Editora Gente

Para você, que com este livro em mãos embarca comigo em uma incrível exploração da jornada do cliente, meu sincero agradecimento. Sua presença, curiosidade e engajamento tornam esta oportunidade possível e muito mais rica e significativa.

Um agradecimento especial à minha família, cuja paciência, apoio e amor foram essenciais durante as incontáveis horas dedicadas a dar vida a estas páginas. Vocês são a verdadeira definição de lar e a força que impulsiona cada palavra que escrevo.

Não posso deixar de expressar minha profunda gratidão aos líderes inspiradores com quem tive a honra de cruzar caminhos ao longo da minha carreira. Cada um de vocês, com sua visão, sabedoria e generosidade, iluminou meu percurso, ensinando-me o que significa ser um grande líder e também o imenso valor de cada passo na jornada de nossos clientes.

Este livro é uma prova do que podemos alcançar quando nos cercamos de pessoas incríveis: leitores engajados, uma família amorosa e líderes inspiradores. Juntos, vamos explorar novos terrenos, buscando entender e transformar cada experiência em algo verdadeiramente icônico.

Obrigado, obrigado, muito obrigado!

SUMÁRIO

Prefácio _____ 11

Introdução – Spoiler _____ 13

Capítulo 1 – Pessoas no lugar errado: em segundo plano ____ 24

Capítulo 2 – Riscos de naufrágio _____ 38

Capítulo 3 – Rumo ao topo da montanha _____ 54

Capítulo 4 – Passo 1: Conheça o cliente
e crie as suas personas _____ 74

Capítulo 5 – Passo 2: Entenda o caminho do cliente,
inclusive antes de ele se tornar cliente _____ 90

Capítulo 6 – Passo 3: Mapeie a jornada e descubra
tudo o que o cliente sente, pensa e faz_____106

Capítulo 7 – Passo 4: Surpreenda o cliente
nos momentos da verdade_____124

Capítulo 8 – Passo 5: Crie o seu plano de ação
com pequenos passos_____140

Capítulo 9 – Passo 6: Gere resultados reconhecendo
e engajando os colaboradores_____158

Capítulo 10 – Passo 7: Nada é tão bom que não possa
melhorar – hora de inovar e se tornar uma referência_____172

Capítulo 11 – O foco agora é você_____186

PREFÁCIO

Meus 15 anos como executivo da Disney, liderando a estratégia global de treinamento em Orlando, onde vivo desde 2000, lecionando na Disney University e como professor convidado do Disney Institute, me tornaram um apaixonado, como o Ricardo Pena, por experiência do cliente (termo conhecido pela sigla CX, do inglês *customer experience*). Então, foi com imensa satisfação que, ao ler *O caminho do cliente*, constatei a sua importância para os profissionais de CX.

Há dezenas e dezenas de livros sobre a experiência do cliente, mas quase não existe obra explicando que a jornada é o real segredo do sucesso. A maioria fala de CX de modo muito geral, sem mostrar que é uma consequência de um processo mais amplo; que, na verdade, é o destino.

Assim, este livro surge como um fôlego de esperança ao preencher uma lacuna do mercado: Ricardo detalha como essa jornada vai impactar na experiência do cliente final. Esse é apenas um dos motivos que torna esta leitura relevante e imprescindível para profissionais que buscam qualidade no atendimento ao cliente.

A Disney diz que para cada momento trágico – ou seja, quando um cliente sai desencantado em uma interação com a empresa –, são necessários 37 momentos mágicos para recuperar a relação. Nesse contexto, esta obra é vital, uma vez que a jornada do cliente são todos os pontos de contato envolvidos na experiência, incluindo esses 37 momentos citados pela Disney.

Consistência é um dos segredos do sucesso na experiência total, e qualquer detalhe determina o sucesso ou o fracasso do seu negócio. É por isso que esses pontos de contato entre o cliente e a empresa devem ser orquestrados de modo que funcionem como uma bela sinfonia. Ricardo se mostra um exímio condutor ao narrar isso de maneira simples e eficaz, apresentando diversos exemplos de como sua empresa pode criar essa jornada, de modo que o resultado seja uma experiência ímpar para seus clientes.

Ao longo do livro, é notória a experiência de Ricardo, como o maestro que é na área, conduzindo o tema. Em cada palavra, cada explicação, fica clara a experiência do autor, que implantou em grandes corporações a cultura voltada para a jornada do cliente. E ele não para de se especializar, fazendo cursos regularmente em empresas icônicas, como Ritz-Carlton, Disney, Seeds of Dreams e Forrester. Inclusive, tive a oportunidade de vê-lo, aqui nos Estados Unidos, ensinando sobre esse tema em nosso instituto para profissionais de diversos segmentos.

O caminho do cliente é uma obra transformadora que vai impactar a sua vida, a sua carreira e, em especial, a vida do seu cliente. Então, prepare o seu instrumento e se deixe ser conduzido pelo maestro Ricardo nessa jornada.

Desejo a você todo o sucesso do mundo!

Claudemir Oliveira
é presidente e fundador do Seeds of Dreams Institute e especialista em marketing, vendas e treinamento.

INTRODUÇÃO: SPOILER

Do meu primeiro grande sonho financeiro, prestes a sair do papel, eu me lembro bem. Foi em 1999. Se eu fechar os olhos, consigo ver o jovem Ricardo, de 20 anos, empolgado para comprar seu primeiro automóvel. Não era um carrão, claro. Mas um Kadett preto, usado, do ano de 1989 – dentro daquilo que eu podia bancar com as minhas economias de um ano e meio de salário de programador.

Munido com uma lista de lojas para visitar, saí em busca da concretização do meu sonho. O ambiente da primeira loja já me deixou ressabiado. Os carros estavam amontoados e sujos, o caos reinava. Observei tudo aquilo, mas ok, eu tinha consciência de que não compraria uma Ferrari.

Assim que entrei, um vendedor me abordou e não me deixou sequer explorar a loja, já foi me atropelando com palavras: "Esse carro aí que você *tá* olhando é uma ótima escolha. Ele tem roda tal, o banco dele é todo não-sei-o-quê, o motor, então! E, rapaz, também tenho que te falar do...". Era tanta informação que, sinceramente, em determinado momento, eu já não assimilava mais nada. E, para ser sincero, naquela época, o que eu mais queria era escolher o carro sozinho, da maneira que os introvertidos adoram, com o mínimo de contato humano possível.

Resultado: saí da loja com dor de cabeça, e a pé.

No entanto, fui para a próxima loja, depois para a próxima, e para outra, e outra... E nada. Aquele sonho parecia ter virado um pesadelo!

É, a minha experiência como cliente não estava sendo a das melhores até aquele momento. E tenho certeza de que você já passou por situação semelhante, de não conseguir *gastar* seu dinheiro em razão de um mau atendimento ou de alguém que não satisfaça às suas expectativas.

Na verdade, eu me arrisco a dizer que todas as pessoas, na posição de cliente, já vivenciaram essa frustração. E me arrisco a declarar algo que o fará pensar: "Ah, mas isso é óbvio, Ricardo!" É o seguinte: o empresário é um cliente. O atendente, também. E o gestor. E eu, e *você*... Assim como todas as outras pessoas, independentemente de suas ocupações. Todos nós somos clientes em algum momento, a despeito de a relação ser profissional ou pessoal.

Parece uma constatação bem óbvia, não? Mas será mesmo? Então, por que nós, que lidamos com clientes todo dia, parecemos nos esquecer de passar para eles aquela sensação agradável causada pelo bom relacionamento? Afinal, quando estamos na posição de cliente, gostamos de ter nossas dores respeitadas, saber que há alguém nos apontando uma solução, fornecendo-nos informações corretas e importantes, de modo prestativo, quando solicitadas. Ainda assim, muitas vezes não conseguimos oferecer o mesmo tipo de experiência quando estamos "do outro lado do balcão". Quando somos nós os responsáveis por resolver a dor de alguém.

Você deve estar pensando: "Mas, Ricardo, não é tão simples assim. Você não sabe nada do meu cliente nem do meu produto para estar dizendo isso". Realmente, não conheço o perfil de quem compra de você ou tem algum relacionamento comercial com você – a faixa etária, a demografia, o poder aquisitivo, as dores e os objetivos dessa pessoa. Não sei em qual ramo você atua. Se é no comércio, na indústria, no setor de serviços, se é negócio on-line, físico ou híbrido. E, sim, não é tão simples... Bem, não ainda. Mas chegaremos à parte em que você aprenderá o meu método e o colocará em prática e, então, perceberá como pode ser simples. Mas atenção! Simples não significa que é um método raso ou básico, ok? Na verdade, ao longo destas páginas, vamos passar por vários passos, conhecer e interpretar diversos dados importantes, e trabalharemos com muitas ferramentas, técnicas e recursos que enriquecerão o seu trabalho, gerando, por consequência, o resultado desejado. Quer uma amostra?

Vamos pegar o exemplo da compra do meu primeiro carro. Quando eu já estava cansado, fui a uma das últimas lojas da minha lista. Lá, tive uma impressão melhor, comparada às demais. A loja estava organizada, e os veículos, limpos. Pude andar entre os carros sem pressa. O vendedor me deixou à vontade. Em determinado momento, quando percebeu o meu interesse em um modelo, ele me passou informações precisas, falando pausadamente. Ele ainda completou: "Sua vida mudará com esse carro, ele vai deixar você até mais bonito. Todo mundo vai querer sair com você nele! Vão fazer até fila!"

Tá certo, nessa última parte ele exagerou. O carro não teve o superpoder de tornar aquele jovem introvertido no mais popular da turma. Mas a abordagem do vendedor deu certo, pois saí de lá com o sonho concretizado e bastante satisfeito com a experiência. Naquela época, eu sabia muito de variáveis, bancos de dados, mas não tinha a menor noção do que era experiência do cliente (ou CX, do inglês *customer experience*), porém saí da concessionária tão impactado positivamente que jamais me esquecerei.

Veja que proporcionar uma experiência positiva, agradável ou mesmo incrível para o seu cliente pode ser algo simples. Não significa, porém, que seja uma tarefa fácil, pois envolve esforço, como: analisar o perfil do cliente, buscar informações e boas métricas, planejar processos, testar estratégias. Enfim, exigirá mudanças, e sabemos bem que, quando essa é a questão, há uma resistência de nosso cérebro acomodado, que adora poupar energia.[1]

---

[1] NÃO é você que é preguiçoso, seu cérebro que prefere evitar a fadiga. **Galileu**, 19 set. 2018. Disponível em: https://revistagalileu.globo.com/Ciencia/Biologia/noticia/2018/09/nao-e-voce-que-e-preguicoso-seu-cerebro-que-prefere-evitar-fadiga.html. Acesso em: 14 mar. 2024.

O mercado brasileiro também não ajuda. Há muitos obstáculos para empreender em nosso país: alta carga tributária, muita burocracia, complicado acesso a crédito, baixa capacitação profissional etc.[2] Não é de se admirar, portanto, que 700 mil empresas tenham fechado as portas no primeiro quadrimestre de 2023, um aumento de 34,7% se comparado ao mesmo período em 2022.[3] E ainda, entre esses pequenos negócios, a taxa de mortalidade é bastante expressiva: após cinco anos de atividade, 29% dos microempreendedores individuais (MEIs), 21,6% das microempresas (MEs) e 17% das empresas de pequeno porte (EPPs) fecham as portas. No comércio, o número chega a 30,2%.[4]

Embora exista essa realidade, acredite quando digo que é completamente possível empreender ou então ter sucesso como colaborador de qualquer boa empresa! Ainda mais se o negócio investir em CX e se esforçar para oferecer a melhor experiência ao cliente. É exatamente aqui que eu entro na equação. Minha missão é orientar você na jornada que o fará enxergar de fato o seu cliente e aprender a conectar-se com ele, entendendo as dores dele e proporcionando-lhe uma experiência icônica e merecida.

Percebe como você tem, em suas mãos, a possibilidade de fazer o dia de alguém mais feliz? E o quanto isso pode influenciar as pessoas ao seu redor e criar uma onda de positividade que venha tornar o mundo um lugar mais agradável e próspero para se viver? Tudo isso vem com um bônus importantíssimo: focando a experiência do cliente, você alcançará resultados inéditos em sua trajetória profissional.

---

[2] COMO superar as dificuldades de empreender no Brasil. **Sebrae**, 8 ago. 2022. Disponível em: https://sebrae.com.br/sites/PortalSebrae/artigos/como-superar-as-dificuldades-de-empreender-no-brasil,bc9ae0a0fbd72810VgnVCM-100000d701210aRCRD. Acesso em: 14 mar. 2024.

[3] MAIS de 730 mil empresas já fecharam no país em 2023. **O Globo**, 3 ago. 2023. Disponível em: https://oglobo.globo.com/patrocinado/dino/noticia/2023/08/03/mais-de-730-mil-empresas-ja-fecharam-no-pais-em-2023.ghtml. Acesso em: 14 mar. 2024.

[4] A TAXA de sobrevivência das empresas no Brasil. **Sebrae**, 27 jan. 2023. Disponível em: https://sebrae.com.br/sites/PortalSebrae/artigos/a-taxa-de-sobrevivencia-das-empresas-no-brasil,d5147a3a415f5810VgnVCM1000001b00320aRCRD

Você deve estar se perguntando: "Afinal, quem é esse cara todo otimista que está me dizendo que eu posso contribuir para um mundo melhor e, de quebra, ser bem-sucedido?"

Prazer, sou Ricardo Pena! Paulista, casado, pai da Giovana e do Gustavo, e aquele que acompanhará você na trajetória de transformação da sua vida, do seu cliente e (por que não?) do mundo!

CAMINHO PERCORRIDO

O relacionamento com clientes sempre permeou a minha carreira, desde que comecei a trabalhar, aos 18 anos, programando computadores; e depois (em 2000) quando cofundei uma empresa de software para atendimento ao cliente por chat (pioneira no Brasil – chamada NetCallCenter), assumindo o cargo de Chief Technology Officer (CTO – Diretor de Tecnologia) até 2004, quando vendi a minha parte; e, então, retornei ao mercado corporativo, trabalhando na Avaya, uma gigante de soluções para telecomunicações e relacionamento com clientes. Essa experiência me proporcionou viagens a negócios no Brasil e no exterior, levou-me a vários setores, inclusive ao de Call Center, onde também tive a oportunidade de passar por vários cargos, entre eles diretor de consultoria para a América Latina e diretor de pré-vendas para o Brasil.

Essa trajetória me ajudou nos primeiros passos rumo à minha missão de vida, que é ensinar e aprender sobre relacionamentos, o entendimento das suas expectativas e a superação delas, assim como a intenção de compartilhar esse conhecimento com outros. Isso me possibilitou a abrir, ainda quando trabalhava na Avaya, a Ducovox (em 2007), uma empresa de treinamento de oratória e liderança – uma das primeiras a ensinar que, além das técnicas, é necessário o desenvolvimento emocional para ter sucesso na comunicação; e, em 2020, a lançar a PeopleXperience, um projeto que eu alimentava desde 2018, focado em experiência do cliente, depois de ter me apaixonado, dois anos antes, pela metodologia de mapeamento de jornada, quando fiz um treinamento da Disney.

A abordagem holística da Disney me permitiu uma compreensão profunda das nuances e dos detalhes das experiências dos clientes, transformando os profissionais de meros observadores em protagonistas da própria história. A partir de então, aprofundei meus estudos na área, inclusive participando de outros cursos no exterior, a fim de trazer para o Brasil o que há de melhor e mais moderno sobre mapeamento de jornada do cliente e sobre personas.

Eu me dividi entre meu cargo na Avaya e a minha empresa até o início de 2023, quando recebemos um investimento da Bossanova, uma das maiores investidoras em startups do Brasil. A partir desse momento, tomei a decisão de escolher a minha missão: o meu coração estava na PeopleXperience. Aproveito, inclusive, para dar uma dica para quem pensa em empreender e está trabalhando no momento: você não precisa abandonar tudo às pressas. É possível, sim, fazer uma transição gradativa, diminuindo os riscos.

Desde então, só crescemos. E, hoje, sinto orgulho em dizer que, além da plataforma mais usada no Brasil para mapeamento e gestão da jornada do cliente, também desenvolvemos uma certificação internacional em mapeamento da jornada do cliente: a CX Strategist – Creating Journey Centric Strategies. Criada em parceria com uma empresa estadunidense, a WCES, nela já compartilhamos, em menos de um ano, com mais de seiscentos alunos o passo a passo de como montar uma jornada do cliente icônica.

Continuo minha luta, procurando sempre me desenvolver mais, mas também devolvendo ao mundo o que aprendi nesses anos todos, lidando com clientes em várias frentes. Por meio de palestras, serviços, das minhas empresas, deste livro. E assim pretendo seguir. Mudando vidas e fazendo a diferença.

Porque é isto que a experiência do cliente faz: a diferença. É capaz de transformar o seu negócio e a sua carreira. Por exemplo, você sabia que 60% dos consumidores já intencionaram realizar uma compra, mas desistiram por causa de uma experiência ruim? Inclusive, 58% dos clientes nunca mais voltam a fazer negócios com

ALÉM DAS TÉCNICAS, É NECESSÁRIO O DESENVOLVIMENTO EMOCIONAL PARA TER SUCESSO NA COMUNICAÇÃO.

O CAMINHO DO CLIENTE
@RICPENA

> **VOCÊ PODE ATÉ PENSAR QUE ESTÁ TRATANDO O SEU CLIENTE MARAVILHOSAMENTE BEM, MAS A PROBABILIDADE DE ELE CONCORDAR COM ISSO É BEM PEQUENA.**

uma empresa depois de uma experiência negativa. Em contrapartida, após uma experiência positiva, 50% das pessoas consomem mais vezes daquela empresa. E pasme: você pode até pensar que está tratando o seu cliente maravilhosamente bem, mas a probabilidade de ele concordar com isso é bem pequena. É que 80% das grandes empresas acreditam que oferecem um serviço "superior", mas apenas 8% dos consumidores relatam, de fato, ter obtido tal serviço.[5] Percebe o quanto a CX é essencial para um negócio ser bem-sucedido?

É importante salientar que nenhuma empresa abre as portas em uma manhã dizendo: "Ai, que vontade de maltratar um cliente hoje!". Nenhum profissional começa o dia pensando: *Como posso irritar alguém hoje com o meu produto/serviço?* Seria loucura. Todos estamos no mercado com boas intenções, tentando e querendo acertar. Só que agora chegou o momento de parar de apenas tentar e, efetivamente, passar a concretizar isso. É hora, então, de entender como mudaremos a sua vida e a do seu cliente.

MUDANDO A VIDA DO SEU CLIENTE E A SUA

Acredito que chegamos a dois consensos:
- cuidar bem, de modo estratégico e com carinho, da sua persona não apenas impacta positivamente o cliente como também alavanca os resultados que você almeja para sua empresa/carreira;

---

[5] CLIENTE Oculto. **OnYou**. Disponível em: www.onyou.com.br/cliente-oculto. Acesso em: 14 mar. 2024.

- criar experiências marcantes para o seu público pode ser surpreendentemente simples, basta uma boa dose de empatia, determinação e aplicar a técnica correta.

E técnica correta é o que vou lhe apresentar neste livro. O mais formidável dela é que é adaptável a qualquer negócio e situação, não importa se é B2C ou B2B.[6] Então, se você por algum motivo tem dúvidas de que talvez este material não seja para você, repense. É, estou falando com você mesmo, gestor de relacionamento com clientes que acabou de ser promovido. Parabéns, aliás! Ou você, profissional de atendimento a clientes, que está exausto do trabalho repetitivo. Eu o vejo, acredite! Ou você, empreendedor de pequena e média empresa, que se equilibra como dá no mercado e busca diferenciar o seu produto/serviço. Você é guerreiro! Ou mesmo você, que está na fase embrionária do seu primeiro negócio, com o pé no empreendedorismo. Todos são muito bem-vindos!

Reuni anos de experiência em relacionamento com cliente, de trocas com profissionais do mercado, de cursos realizados, certificações alcançadas para aprimorar o método **Mapeamento da Jornada do Cliente**. Mas o que significa mapear a jornada do cliente? O mapeamento nada mais é do que uma metodologia para aprofundar a compreensão do cliente, quebrar comportamentos isolados (silos) e adicionar o pensamento do cliente no processo de design. De modo bem resumido, tem a ver com criar uma representação visual dos estágios pelos quais o seu cliente passa, com as interações dele com você/sua empresa e como se dá esse relacionamento.

No método, composto por sete passos, vou ensinar você a conhecer o seu cliente (que também pode ser o seu colaborador) e criar as

---

[6] B2B (*business to business*, em português "empresa para empresa") tem a ver com vendas feitas para pessoas jurídicas. Já B2C (*business to consumer*, em português "empresa para consumidor") são as vendas realizadas para pessoas físicas.

personas (que são a representação dos clientes ideais de um negócio, suas características, dores, seus objetivos); entender o caminho do cliente, mesmo antes de ele se tornar um; mapear a jornada dele e identificar o que ele sente, pensa e faz; saber como surpreendê-lo; criar um plano de ação; como gerar resultados e, por fim, como buscar inovação e engajamento das pessoas. Isso tudo com um único objetivo: fazer a sua carreira e/ou o seu negócio decolar ao criar experiências icônicas para o seu cliente.

Vamos nos aprofundar em estudos de mercado e da área de experiência do cliente, analisar dados, informações indispensáveis para você passar por essa transformação. Também terá acesso a vários exemplos que facilitarão o entendimento sobre determinados tópicos, assim como muitos cases que lhe mostrarão, na prática, como tudo funciona, e ainda o motivarão, pois você verificará a eficácia do método.

E como adoro um spoiler (é sério, só compro um livro depois de ler o último capítulo dele e ter gostado), vou lhe dar um logo na introdução: você terminará este livro apaixonado por CX. Apaixonado pela ideia de dar mais valor às pessoas, criar relacionamentos mais valiosos para as empresas e agregar valor à economia.

A nossa caminhada juntos promete muito, e já estou animado pensando em tudo o que vamos vivenciar. E então? Pronto para impactar positivamente a sua vida e a de outras pessoas? É só virar a página!

CRIAR EXPERIÊNCIAS MARCANTES PARA O SEU PÚBLICO PODE SER SURPREENDENTEMENTE SIMPLES, BASTA UMA BOA DOSE DE EMPATIA, DETERMINAÇÃO E APLICAR A TÉCNICA CORRETA.

O CAMINHO DO CLIENTE
@RICARDOPENA

01.
PESSOAS NO LUGAR ERRADO: EM SEGUNDO PLANO

"LEVA VINTE ANOS PARA CONSTRUIR UMA REPUTAÇÃO E CINCO MINUTOS PARA ARRUINÁ-LA. SE VOCÊ PENSAR SOBRE ISSO, FARÁ AS COISAS DE MANEIRA DIFERENTE."
– Warren Buffett[7]

---

[7] SNYDER, B. 7 Insights from Legendary Investor Warren Buffett. **CNBC**, 1 maio 2017. Disponível em: https://www.cnbc.com/2017/05/01/7-insights-from-legendary-investor-warren-buffett.html. Acesso em: 14 mar. 2024.

Não faz muito tempo, em uma das minhas últimas viagens de negócios aos Estados Unidos, mal coloquei os pés dentro do quarto de hotel e já me senti exausto, sem fôlego, suando apesar do frio de -4 °C que fazia em Yosemite. Após um longo e cansativo voo, ainda tentando lidar com o jet lag e com a cabeça a mil, pensando nos vários compromissos que se seguiriam – um deles, inclusive, seria dar conta deste livro –, eu me deparei com esta situação: no hotel, não havia elevadores.

Veja bem, era um hotel legal, aconchegante. Eu não me importaria de subir alguns lances de escada todo dia, afinal eu estava no primeiro andar. Seria até bom, poderia encarar como um exercício extra. Afinal, quanto mais movimentamos o corpo, melhor. O problema era que eu havia levado quatro malas grandes. Não estava sozinho, minha família estava comigo.

Agora, me pergunte se algum funcionário me ajudou a subir com as bagagens. Ou se havia qualquer modo de amenizar o sofrimento de arrastá-las pelos andares acima. Nada disso. Enfrentamos as escadas. Imagine a confusão, e quão insatisfeito eu estava diante daquilo.

Foi assim que cheguei todo esbaforido ao quarto, mais uma vez comprovando, na pele, a importância de se dar o devido valor à experiência do cliente e o quanto é relevante escrever este livro. Porque é completamente possível mudar situações como essa que acabei de citar, e, acredite, as soluções podem ser mais simples do que você imagina.

Casos como esse, em que a experiência oferecida ao cliente deixa a desejar, são mais comuns do que eu gostaria de admitir. Em muitos deles, clientes não têm sido vistos e ouvidos com a devida atenção, nem com a empatia e consideração que merecem. De fato, muita coisa tem mudado para melhor. Imagine, por exemplo, um Brasil sem o Código de Defesa do Consumidor (CDC)? No entanto, ainda há um longo caminho a ser percorrido para se chegar à excelência, a fim de tornar icônica a jornada do cliente.

Os obstáculos são muitos, mas, antes de analisarmos essas circunstâncias desafiadoras, preciso definir o grupo ao qual me refiro quando uso o termo cliente.

UM PROBLEMÃO

Na introdução, comentei que todos nós somos clientes, independentemente das circunstâncias, e reitero isso aqui: costumamos associar o cliente apenas à figura da pessoa que adquire algum bem ou serviço de uma empresa, mas, no contexto deste livro, essa associação vai além.

Pense em uma loja de roupas. O cliente não é apenas o consumidor final do produto, aquele que foi ao estabelecimento e saiu de lá com uma calça nova. Sabe a fábrica que confecciona as peças da marca? A loja, em si, é cliente dela. Sabe o departamento de TI que é acionado quando ocorre algum problema no computador de alguém do financeiro? O profissional que trabalha nessa máquina é um cliente do técnico de suporte do TI. Sabe a equipe de marketing que foi requisitada pela de vendas e de criação, para bolar a campanha da nova coleção? O time de vendas e criação se torna um cliente nessas circunstâncias. Assim como o setor de logística quando aciona o motorista ou a empresa de transporte que realizará a entrega. E o gerente de Recursos Humanos que pede ao seu time uma nova ação de endomarketing. E os dois colegas do mesmo setor, com aquele que está solicitando uma demanda sendo o cliente do outro.

Acho que deu para entender. No contexto de que vamos tratar aqui, todo relacionamento gera a figura do cliente. Essa relação é pautada por determinada demanda, que será suprida pela outra parte. Desse modo, tem a ver com aquilo que você faz pelo próximo, com a dor dele e como você se compromete a saná-la.

Percebe como é algo maior? Tem a ver com servir ao outro. Bastante inspirador, não? A questão é que não estamos servindo como devemos. Temos deixado os nossos clientes insatisfeitos. E isso é um problemão.

SERÁ QUE SE IMPORTAM?

Considere esta possibilidade: após um longo ano estafante, você enfim está saindo de férias com a família. Esse momento foi bem programado. É a primeira viagem internacional do seu filho e a primeira, em cinco anos, com a sua esposa. Os anos anteriores foram difíceis financeiramente, mas, no último, houve uma mudança positiva nos seus rendimentos, o que lhe proporcionou condições para desfrutar desse período de lazer. Todos estão animados, cheios de planos e expectativas para a viagem, que durará quinze dias, com passeios e visitas a lugares que você e sua parceira sempre desejaram conhecer.

As férias foram um sucesso. Seu filho amou conhecer lugares diferentes e saber sobre novas culturas, não está se aguentando de tanta empolgação para compartilhar tudo com os amigos quando voltar. E você e sua esposa conseguiram relaxar de verdade, aproveitar o descanso, sem se preocupar com prazos ou metas. No máximo, pensavam qual seria o próximo passeio ou o que comeriam no jantar. Agora, porém, é hora de voltar para a casa com as energias renovadas. Maravilha!

Corta a cena para vocês chegando ao aeroporto e não conseguindo embarcar de volta para casa. Lá, vocês são comunicados – após várias informações desencontradas de atraso de voo, mudança de portão e outras – que, na verdade, a companhia aérea simplesmente decretou falência e suspendeu os voos sem aviso prévio. Você e sua família estão presos em um país estrangeiro, sem perspectiva de volta.

> **TODO RELACIONAMENTO GERA A FIGURA DO CLIENTE. ESSA RELAÇÃO É PAUTADA POR DETERMINADA DEMANDA, QUE SERÁ SUPRIDA PELA OUTRA PARTE.**

Seu filho está inquieto, já com saudades de casa e prestes a começar o ano letivo em uma nova escola. Há tanto para ser resolvido! Sua esposa tem os compromissos de trabalho, que requerem a presença dela com urgência. Isso porque a colega que a está substituindo se desligará da empresa e não poderá prolongar seus dias lá. E você tem uma reunião presencial importantíssima para conseguir novos investimentos para o seu negócio. Foi tão difícil conseguir essa oportunidade! E agora?

Bem, a companhia aérea tem que dar uma solução, certo? Certo. Mas não é o que acontece. Ela sequer disponibiliza ajuda para que os passageiros encontrem outros meios de regressarem aos seus lares. Na verdade, ela nem mesmo pede desculpas pelo ocorrido! É um pesadelo, não? Sinceramente, dá arrepio só de pensar na situação.

Os personagens e a cena narrada podem ser fictícios, mas algo semelhante aconteceu em março de 2019, quando a companhia aérea islandesa Wow Air, que operava voos entre a Islândia, a Europa e a América do Norte, decretou falência e suspendeu todos os voos, sem qualquer comunicação prévia, deixando cerca de mil passageiros "a ver navios". A *lowcost*, inclusive, permitiu que as pessoas comprassem bilhetes no site pouco antes de anunciarem o encerramento das atividades.[8,9]

Claro que esse é um caso extremo de péssimo relacionamento com o cliente, porém serve para nos chamar a atenção. Eu consigo imaginar, no mínimo, uma dezena de opções que poderiam ter sido adotadas pela empresa e que minimizariam as consequências da falência para o cliente.

Sim, no passado, definitivamente a situação já foi pior – tanto que, segundo a pesquisa Zendesk CX Trends 2023, realizada pela

---

[8] CHAPPELL, B. Wow Air's Collapse Leaves Passengers Stuck at Airports, and Without Travel Plans. **NPR**, 28 mar. 2019. Disponível em: www.npr.org/2019/03/28/707692622/wow-airs-collapse-leaves-passengers-stuck-at-airports-and-without-travel-plans. Acesso em: 14 mar. 2024.

[9] GUY, J.; MEZZOFIORE, G. Wow Air Ceases Operations, Leaving Passengers Stranded. **CNN Business**, 28 mar. 2019. Disponível em: https://edition.cnn.com/2019/03/28/business/wow-air-scli-intl/index.html. Acesso em: 14 mar. 2024.

Octadesk e Opinion Box, 76% dos entrevistados se sentiram satisfeitos com o serviço que receberam em 2022. No entanto, quando nos deparamos com números como: quase 40% das pessoas consideram de muito pouco a razoavelmente eficiente o atendimento das empresas – parte importante da experiência do cliente, que vou explicar mais adiante –, vemos que ainda há bastante espaço para melhorar.[10]

Muitas empresas acreditam que estão tratando o seu cliente maravilhosamente bem, só faltando estender um tapete vermelho para ele passar e servindo-lhe uma taça de champanhe, mas a probabilidade de o próprio cliente concordar com isso é bem pequena, porque 80% das grandes empresas acreditam oferecer serviço "superior", mas apenas 8% dos consumidores relatam, de fato, ter obtido tal serviço.[11] No Brasil, em estudo mais recente, o número é diferente: 62% das organizações atribuem notas altas para seu serviço, porém 54% dos clientes acreditam que a experiência do cliente parece estar em segundo plano. Apesar de seus esforços, as empresas não conseguem se diferenciar no atendimento ao cliente[12] – isso explica o porquê de 73% dos clientes acharem que as organizações precisam melhorar o treinamento de seus atendentes. A verdade é que as pessoas estão descrentes das ações das empresas, pensando: *Será que elas se importam mesmo conosco?*[13]

---

[10] OCTADESK. **Anuário de leitor**: CX Trends – o ano da eficiência. São Paulo: Europa, 2023. Anuário do gestor, ano 7. Disponível em: https://europanet.com.br/cx2023. Acesso em: 14 mar. 2024.

[11] ALLEN, J.; REICHHELD, F. F.; HAMILTON, B.; MARKEY, R. **Closing the Delivery Gap**. Bain & Company, 2005. Disponível em: https://media.bain.com/bainweb/PDFs/cms/hotTopics/closingdeliverygap.pdf. Acesso em: 14 mar. 2024.

[12] PASTO, R. Customer Service Pitfalls: Six Missteps and How to Avoid Them. **Forrester**, 22 jan. 2019. Disponível em: www.forrester.com/report/Customer-Service-Pitfalls-Six-Missteps-And-How-To-Avoid-Them/RES142126. Acesso em: 14 mar. 2024.

[13] PESQUISA mostra que 60% dos clientes vão para a concorrência após uma única experiência negativa. **SA+**, 26 ago. 2022. Disponível em: https://samaisvarejo.com.br/detalhe/reportagens/pesquisa-mostra-que-60-dos-clientes-vao-para-a-concorrencia-apos-uma-unica-experiencia-negativa. Acesso em: 14 mar. 2024.

ATÉ CLIENTE SE EXTRAVIA

Acredito que muitos clientes da Spirit Airlines se fazem essa pergunta. A companhia aérea *lowcost* estadunidense, fundada em 1980, é conhecida por oferecer tarifas acessíveis e por operar voos domésticos e internacionais. Mas a sua maior fama vem de sua péssima reputação. Há muito tempo, a empresa não sai do ranking de piores companhias aéreas dos EUA.[14]

Uma olhada na hashtag #spiritairlines na rede social X (antigo Twitter) já faz você ter uma ideia do quanto a empresa é odiada. Se bem que, no momento, talvez a pesquisa apresente mais resultados sobre a delicada situação financeira da *lowcost*, uma vez que suas ações despencaram após a justiça dos Estados Unidos bloquear a fusão com a JetBlue.[15]

No Tripadvisor, por exemplo, há quase 29 mil avaliações da companhia aérea, e quase metade delas apontam como ruim e horrível a experiência de voar com eles.[16] Inclusive, em 2023, a Spirit Airlines ficou em sexto lugar no ranking de marcas com as piores reputações nos Estados Unidos, produzido pelo site Axios em parceria com a The Harris Poll, empresa de pesquisa e análise de mercado.[17]

---

[14] MAGRATH, A. They Asked for It! Spirit Airlines Reveals 28,000 Complaints About Uncomfortable Seating, Delays and Lost Bags After Pledging to Reward Passengers With Free Hate Miles. **Mailonline**, 4 nov. 2014. Disponível em: www.dailymail.co.uk/travel/travel_news/article-2820070/Spirit-Airlines-reveals-28-000-complaints-pledging-reward-passengers-free-Hate-Miles.html. Acesso em: 14 mar. 2024.

[15] AÇÃO da Spirit Airlines desaba 47% após Justiça dos EUA barrar venda para JetBlue. **InfoMoney**, 16 jan. 2024. Disponível em: www.infomoney.com.br/mercados/acao-da-spirit-airlines-desaba-47-apos-justica-dos-eua-barrar-venda-para-jetblue/. Acesso em: 14 mar. 2024.

[16] SPIRIT Airlines. **TripAdvisor**. Disponível em: https://www.tripadvisor.com.br/Airline_Review-d8729157-Reviews-Spirit-Airlines. Acesso em: 14 mar. 2024.

[17] THE 2023 Axios Harris Poll 100 Reputation Rankings. **Axios**, 23 maio 2023. Disponível em: www.axios.com/2023/05/23/corporate-brands-reputation-america. Acesso em: 14 mar. 2024.

A companhia já enfrentou diversas crises devido a atrasos recorrentes,[18] cancelamentos de voos sem explicação,[19] extravios de bagagens e até mesmo de pessoas! É isso mesmo! Certa vez, um menino de 6 anos viajava da Filadélfia, na Pensilvânia, sob os cuidados da companhia aérea, para visitar a avó em Fort Myers, na Flórida. Imagina o desespero da avó, no aeroporto, quando não viu o neto desembarcar. Quer dizer, na verdade, ele desembarcou, mas em Orlando, a 300 quilômetros do seu destino. Ela só conseguiu descobrir onde o menino estava quando ele ligou para a avó. Até então, a senhora passou momentos de desespero. E a empresa? Pediu desculpas e se ofereceu para reembolsar os bilhetes de viagem.[20] "Sério? Só isso?", você me pergunta. Sim, só isso. Como se não tivesse causado um trauma enorme naquelas pessoas.

Eu mesmo já voei de Spirit e presenciei uma situação bem "engraçada", na qual o comissário de bordo entrou no banheiro para se arrumar e demorou quase quarenta minutos para sair de lá. Dá para imaginar a situação? Vários clientes sem suporte e uma fila de pessoas querendo usar o banheiro.

Se esses não são exemplos de como clientes têm sido negligenciados, não sei mais o que seria. Clientes, por vezes, têm ficado em segundo, terceiro e até quarto plano em algumas empresas. E há algo de muito errado nisso.

---

[18] QUAIS são as três marcas "mais odiadas" de 2023? **Valor Investe**, 1 jun. 2023. Disponível em: https://valorinveste.globo.com/mercados/renda-variavel/empresas/noticia/2023/06/01/quais-sao-as-tres-marcas-mais-odiadas-de-2023-confira.ghtml. Acesso em: 14 mar. 2024.

[19] KOENIG, D. Spirit Airlines Cancels Dozens of Flights to Inspect Some of Its Planes. Disruptions Will Last Days. **Omaha World-Herald**, 20 out. 2023. Disponível em: https://omaha.com/news/nation-world/business/spirit-airlines-cancels-flights-inspections-florida/article_54d1c0bf-eae0-560f-a2b4-190b29a5462d.html. Acesso em: 14 mar. 2024.

[20] CRIANÇA que viajava sozinha é colocada no voo errado pela companhia aérea Spirit Airlines nos EUA. **G1**, 26 dez. 2023. Disponível em: https://g1.globo.com/turismo-e-viagem/noticia/2023/12/26/crianca-que-viajava-sozinha-e-colocada-no-voo-errado-pela-companhia-aerea-spirit-airlines-nos-eua.ghtml. Acesso em: 14 mar. 2024.

ESQUECENDO O PRINCIPAL

Como já disse, temos um problemão em mãos. Perceba: 65% dos clientes desistem de uma compra devido a um mau atendimento. Destes, 43% afirmaram que isso já aconteceu mais de uma vez. As maiores queixas têm relação com a qualidade do serviço/produto entregue (39%), entrega atrasada (38%), problemas com o atendimento (34%). Até com entrega que não aconteceu! Dos entrevistados, 26% sofreram com isso. Veja bem, pessoas pagaram por um produto/serviço e sequer o receberam![21]

Eu mesmo já passei por isso. Certa vez, comprei um celular novinho para um colega que trabalha comigo e usei o serviço de uma empresa de entrega sob demanda, para fazer o aparelho chegar às mãos do meu colega. Só que isso nunca aconteceu. No meio do caminho, a encomenda foi roubada. A empresa entrou em contato comigo, solicitando uma cópia da nota fiscal, para comprovar o valor de 2 mil reais do celular. Fiz todo o procedimento conforme orientação deles e, então, fiquei aguardando a solução do meu problema. Uma semana depois (sim, tive que esperar por sete dias ainda), me responderam: "Sim, Sr. Ricardo, foi comprovado o valor de 2 mil reais do celular que foi roubado, mas vamos reembolsar 70 reais apenas". E ficou por isso mesmo. Eu paguei por um serviço – a entrega do celular – que não aconteceu e ainda saí no prejuízo financeiro!

É, há muito o que mudar no modo como nos relacionamos com os clientes. Mas, de maneira geral, as duas maiores barreiras que as empresas devem transpor, na opinião dos próprios consumidores, é a da agilidade e a do atendimento de pós-venda; o que significa dizer que, além de estarmos oferecendo uma experiência lenta para o cliente, estamos deixando-o à deriva após realizada a venda/serviço.[22]

A tarefa de recuperar esse cliente será difícil. Depois de "entornado o caldo", saiba que serão necessárias doze experiências positivas

---

[21] OCTADESK. *op. cit.*

[22] *Ibidem.*

para compensar uma negativa. E, em alguns casos, nem assim, pois 58% dos clientes nunca mais voltam a fazer negócios com a empresa após uma experiência ruim.[23]

Como comentei antes, ninguém está no mercado focado em tornar a vida das pessoas mais difícil do que já é. Organizações existem para curar dores. Só que muitas estão falhando nesse quesito. Não sabem como navegar nesse mar de oportunidades, que, por ser justamente enorme e a perder de vista, é desafiador. E, então, se esquecem da parte fundamental desse processo: as pessoas, isto é, os clientes – tanto o externo, como acabamos de ver, quanto o interno: os próprios colaboradores.

E isso também vale para o B2B. Quantas vezes contratamos um prestador de serviço com a expectativa de uma entrega e acabamos frustrados? Nesse caso, o prejuízo pode ser ainda maior, pois, caso a empresa contratada não entregue o prometido, nossa carreira fica comprometida.

Certa vez, um amigo precisava garantir a alta disponibilidade dos seus serviços on-line e contratou uma empresa que fazia testes de carga para avaliar se havia alguma necessidade de melhorias. Depois de seis meses, a empresa ainda não tinha concluído o serviço, e a quantidade de clientes cancelando o contrato devido a problemas de performance só aumentava. Resultado: meu amigo ficou em uma situação constrangedora com a sua liderança e perdeu a chance de ser promovido.

A esta altura, já deve ter ficado claro que é preciso mudar o foco. O cliente não ocupa um papel secundário nos relacionamentos, mas, sim, o de protagonista. Todos os holofotes devem estar nele. E proporcionar experiências incríveis às pessoas, no mundo de hoje – ansioso, exigente e acelerado, em que muitos se sentem estafados – é um baita desafio.

AS PESSOAS DEVEM ESTAR NO CENTRO

Vivemos em um mundo ansioso, tendo que lidar com pressão de todos os lados. A sociedade espera de nós determinado comportamento social,

---

[23] CLIENTE Oculto. **OnYou**. Disponível em: www.onyou.com.br/cliente-oculto. Acesso em: 14 mar. 2024.

profissional e pessoal, e nos desdobramos para corresponder, muitas vezes inconscientemente, a essas expectativas. E, assim, querendo validação, acabamos enredados em uma busca incessante por perfeição, por querer "dar certo", querer "se encaixar". Ainda que isso signifique nos "quebrar" ao longo do processo para cabermos em determinada "caixa".

A tecnologia e a conectividade, apesar de terem proporcionado inúmeros benefícios, têm o seu quinhão de responsabilidade nisso. A constante exposição a estímulos pode ser algo avassalador. Segundo pesquisas, quanto maior o uso de telas, maior o nível de ansiedade, e a informação de que o Brasil lidera o ranking dos países com pessoas que mais ficam conectadas (quase cinco horas e meia por dia) não é muito favorável.[24]

As redes sociais, em particular, têm sido associadas ao aumento da ansiedade, muitas vezes interferindo negativamente nas relações e na produtividade, além de causar distorções de autopercepção e, até mesmo, FOMO (*fear of missing out*; em português, medo de ficar de fora) e insônia.[25]

Levamos um estilo de vida acelerado, equilibrando os pratinhos entre as demandas profissionais e pessoais. A sensação de que se deve ser produtivo, por vezes, chega até o momento de descanso e lazer: *Ai, não estou descansando direito! Nem consegui assistir a dois episódios da minha série favorita sem cochilar!* Já parou para pensar que talvez você estivesse tão cansado, que só dormindo um pouco para se desligar por completo?

Isso tudo em um país cujo índice de desemprego é elevado, as mudanças no rumo da economia são recorrentes, e há defasagem na segurança pública. Não é de se surpreender que o Brasil tenha

---

[24] CARVALHO, R. Por que o Brasil tem a população mais ansiosa do mundo. **G1**, 27 fev. 2023. Disponível em: https://g1.globo.com/saude/noticia/2023/02/27/por-que-o-brasil-tem-a-populacao-mais-ansiosa-do-mundo.ghtml. Acesso em: 14 mar. 2024.

[25] ORENTE, I. Entenda como as redes sociais podem afetar sua saúde mental. **Olhar digital**, 31 ago. 2023. Disponível em: https://olhardigital.com.br/2023/08/31/medicina-e-saude/entenda-como-as-redes-sociais-podem-afetar-sua-saude-mental/. Acesso em: 14 mar. 2024.

a população mais ansiosa do mundo, com 9,3% dos brasileiros sofrendo de ansiedade patológica, de acordo com a OMS.[26]

É claro que isso influencia o mercado de trabalho. Em alguns casos, ele é parte do problema. Na verdade, as pessoas têm adoecido, e bem debaixo do nosso nariz.

Cerca de 15% dos adultos em idade ativa, em 2019, viviam com algum transtorno mental. Esse número corresponde a um bilhão de pessoas no mundo. É muita gente! Economicamente, isso acarreta uma perda de 12 bilhões de dias de trabalho todo ano, o que gera um custo de quase um trilhão de dólares para a economia global. É muita coisa![27]

Se pensarmos em Brasil, em 2022, quase 210 mil pessoas foram afastadas do trabalho por transtornos mentais, como: depressão, distúrbios emocionais, síndrome de Burnout e Alzheimer – um aumento de cerca de 5% se comparado ao ano anterior.[28] De novo, é muita gente!

Diante de tal cenário, o documento "Diretrizes sobre saúde mental no trabalho" surgiu em boa hora em 2022. Fruto da parceria entre a OMS e a Organização Internacional do Trabalho (OIT), o relatório apresenta recomendações que destacam a importância de ações para enfrentar rotinas insalubres e outros fatores que criam angústia no trabalho.[29]

---

[26] CARVALHO, R. *op. cit.*

[27] OMS e OIT publicam novas diretrizes sobre saúde mental no trabalho. **Nações Unidas Brasil**, 29 set. 2022. Disponível em: https://brasil.un.org/pt-br/201450-oms-e-oit-publicam-novas-diretrizes-sobre-sa%C3%BAde-mental-no-trabalho. Acesso em: 14 mar. 2024.

[28] FARIAS, E. Alertas globais chamam a atenção para o papel do trabalho na saúde mental. **Fiocruz**, 14 abr. 2023. Disponível em: www.epsjv.fiocruz.br/noticias/reportagem/alertas-globais-chamam-a-atencao-para-o-papel-do-trabalho-na-saude-mental. Acesso em: 14 mar. 2024.

[29] OMS e OIT publicam novas diretrizes sobre saúde mental no trabalho. **Nações Unidas Brasil**, 29 set. 2022. Disponível em: https://brasil.un.org/pt-br/201450-oms-e-oit-publicam-novas-diretrizes-sobre-sa%C3%BAde-mental-no-trabalho. Acesso em: 14 mar. 2024.

Muitas são as causas desse cenário: carga excessiva, com prazos apertados e longas horas de trabalho; falta de flexibilidade e de autonomia sobre as decisões relacionadas ao trabalho; ambiente corporativo tóxico; ausência de recursos adequados, tanto materiais quanto de apoio social; ausência de reconhecimento pelo trabalho realizado[30] – só para ficarmos nas razões mais proeminentes, pois eu seria capaz de citar mais uma dezena delas.

Aí eu pergunto a você: como uma pessoa que trabalha nessas condições conseguirá oferecer uma boa experiência ao outro? Ao seu colega de setor, ao seu gerente, ao cliente final? Ela mesma está precisando que lhe proporcionem uma boa experiência, a fim de que desenvolva seu trabalho em paz.

Entenda: pessoas são a parte mais importante do processo. Sem elas, seu produto, seu serviço, sua ocupação, seu lazer, a vida como você a conhece, nada disso existe. Elas estão no centro de tudo. E, ainda assim, muitos continuam deixando-as em segundo plano. Como se não bastasse terem uma dor que precisa de atenção, em vez de saná-la, jogamos mais sal na ferida, ofertando relacionamentos superficiais, ambientes tóxicos e não correspondendo às suas expectativas. Isso as deixa, literalmente, "na mão".

Sei que não está fácil para ninguém. A vida está complicada. Ao mesmo tempo que temos falhado em dar atenção à dor alheia, ninguém parece estar dando a mínima para a nossa. João, Mariana e Renato que o digam. Eles estão passando por desafios enormes!

Bem, você ainda não os conhece, mas vamos mudar isso já, no próximo capítulo. E também vamos entender esse cenário desafiador.

---

[30] FUNCIONÁRIOS buscam apoio e liderança não acompanha, aponta estudo. **Meio&Mensagem**, 10 out. 2022. Disponível em: www.meioemensagem.com.br/comunicacao/saude-mental-e-trabalho. Acesso em: 14 mar. 2024.

PESSOAS SÃO A PARTE MAIS IMPORTANTE DO PROCESSO. SEM ELAS, SEU PRODUTO, SEU SERVIÇO, SUA OCUPAÇÃO, SEU LAZER, A VIDA COMO VOCÊ A CONHECE, NADA DISSO EXISTE.

O CAMINHO DO CLIENTE
@RICPENA

02.
RISCOS DE NAUFRÁGIO

"LEMBRE-SE SEMPRE DE QUE TODAS AS PESSOAS COM QUEM VOCÊ SE RELACIONA TÊM UM AVISO INVISÍVEL NA TESTA QUE DIZ: 'FAÇA-ME SENTIR IMPORTANTE'. ENTÃO, TRATE-AS ADEQUADAMENTE."

Eric Philip Cowell[31]

---

[31] MORGAN, B. 101 Of The Best Customer Experience Quotes. **Forbes**, 3 abr. 2019. Disponível em: https://www.forbes.com/sites/blakemorgan/2019/04/03/101-of-the-best-customer-experience-quotes/?sh=2118793945fd. Acesso em: 27 mar. 2024.

Se há algo na vida de que ninguém consegue escapar é dos desafios. Eles são importantes porque nos tiram de uma situação cômoda e nos fazem ir além, buscando sempre o melhor. Mas sejamos sinceros: quando estamos em meio à tempestade, vendo nosso barco cercado por enormes ondas, sem conseguir enxergar as indicações da bússola, tudo o que desejamos é que aquele momento acabe logo ou, ao menos, chegar à terra firme o quanto antes. Afinal, sentimos medo.

A questão é: escolhemos entrar nesse barco e fazer uma travessia importante porque acreditamos que aquilo que encontraremos do outro lado valerá o esforço. Nada, porém, garante que o trajeto será calmo – adversidades, provavelmente, farão parte da jornada. Será preciso resiliência, foco, determinação e coragem (precisa de algo mais, mas revelo daqui a pouco).

E tanto a decisão de fazer a travessia quanto a travessia em si são difíceis, não só pelo mar revolto, a visibilidade ruim ou o que quer que seja. São difíceis porque há muito em jogo: coisas e pessoas importantes para você – sua família, sua carreira, seu futuro, você mesmo.

João, Mariana e Renato, os personagens que mencionei no fim do capítulo anterior, estão cada um em seu barco. A terra onde estavam não fazia mais sentido para eles, sentiam-se forasteiros nela; em razão disso, decidiram que precisavam de novos ares, desbravar novos destinos. Assim, se muniram de coragem e saíram para o mar. Não demorou muito e já estavam passando pelas primeiras dificuldades. Por terem conseguido os barcos sozinhos, pensaram que talvez a travessia fosse mais tranquila. Não é o que está acontecendo. Na verdade, está muito difícil, sentem-se perdidos. Talvez eles tenham características e desafios semelhantes aos que você está enfrentando neste momento.

A vontade deles é de jogar a âncora, chamar o socorro e desistir. Mas aí se lembram de tudo o que enfrentaram para chegar até ali e se angustiam com a possibilidade de não seguirem em frente, voltando para a terra em que estavam infelizes. O que farão?

JOÃO: CANSADO DO TRABALHO REPETITIVO

João chega aos tropeços ao prédio da companhia em que trabalha das 14h às 20h. O ônibus que ele pegou quebrou a duas quadras do trabalho e, para não se atrasar, ele desceu do veículo e fez o restante do caminho a pé, ou melhor, correndo. A distância nem era tão grande assim, mas o sol de rachar do verão do Rio de Janeiro não ajudou em nada. Pelo menos ele conseguiu passar o crachá no horário certo – algo que ele considera fundamental.

Formado em Administração, o rapaz de 25 anos trabalha na área de atendimento ao cliente daquela empresa há dois anos. Ele sempre se interessou por lidar com pessoas. Então, quando foi efetivado na área de call center, na qual começou como estagiário, ficou radiante. João gosta de ajudar os clientes e resolver seus problemas. A sensação de achar a melhor solução para alguém, alegrando, muitas vezes, o dia daquela pessoa, faz a ele um bem danado.

No entanto, há quase um ano, começou a sentir que seu trabalho é um pouco repetitivo, e as raras mudanças, quando acontecem, não o empolgam. Além disso, ele não tem autonomia para resolver problemas mais complexos. E tem mais: percebe que o novo gerente lhe dá uma carga de trabalho extra, sempre lhe repassando os atendimentos mais complicados. Mas como resolver essas demandas se ele não tem autonomia? Seu desejo de oferecer um serviço de qualidade é minado pela falta de suporte e reconhecimento por parte da empresa. Tudo isso o tem desmotivado bastante.

Em meio a esse clima caótico, porém, algo bom acontece. Após ter assistido a uma palestra sobre experiência do cliente, ele começa a se interessar pela área. Percebe que se especializando poderá ajudar ainda mais pessoas, além de ser um setor importante para as empresas, capaz de oferecer oportunidades de crescimento profissional. Ele acredita que sua experiência no atendimento ao cliente o qualifica para trabalhar em CX e está decidido a saber mais sobre a área.

João agora está diante de um impasse: como dar o próximo passo? Ele quer evoluir na carreira, mas se sente exausto e está sobrecarregado de afazeres, trabalhando em uma função que o limita bastante, sem poder oferecer ao cliente a ajuda que gostaria e sem a paixão de antes pelo trabalho. Ele já percebeu que se não tomar uma atitude, comprometerá sua saúde mental e física.

MARIANA: O DESAFIO DE CONVENCER A DIRETORIA E A PRÓPRIA EQUIPE

Se alguém dissesse para a paulistana Mariana que, após ter trabalhado cinco anos na área administrativa de uma empresa de médio porte, ela iria para a de CX e amaria a sua nova experiência, ela não acreditaria. E mais: se alguém lhe dissesse que depois de dois anos nessa área, ela seria promovida a líder de Experiência do Cliente, ela pensaria que a pessoa estava delirando. A Mariana do passado sempre esteve muito certa de que lidar com planilhas e números era a sua paixão. Pensava que faria carreira no financeiro. Sua vida estava toda esquematizada: x tempo como trainee, y anos como júnior; z anos como sênior e, a partir daí, o céu seria o limite.

Mas, de uns tempos para cá, percebeu que somaria outra paixão àquela: lidar com pessoas, entender suas dores e fazer o possível para resolvê-las de um jeito empático e eficiente. Então, sim, Mariana está radiante com a chefia daquele setor pelo qual tanto lutou. Ela ainda se recorda das várias reuniões com a diretoria lá no início – quando a sementinha da paixão por CX tinha acabado de ser plantada em seu coração –, mostrando a importância de CX em uma empresa e o quanto a implementação do setor agregaria a todos: acionistas, profissionais e, em especial, clientes. A relutância foi muita, e com as mais diversas desculpas. Mariana foi derrubando essas barreiras uma a uma, até que conseguiu e... A liderança do setor foi dada para um profissional de fora. Claro que essa situação a desencorajou um pouco, mas ela pensou: *Ao menos estão dando a devida importância à área, e eu estou nela! Vou ajudar no que posso!*

O tempo foi passando, e os resultados começaram a surgir modestamente – afinal, havia muito trabalho a ser feito –, mas apareciam. Então, veio a pandemia de covid-19, e a empresa precisou cortar custos. Mariana já sabia, o recém-aberto setor de CX seria o primeiro a sofrer os impactos. Dito e feito: a liderança e metade do setor precisaram ser demitidos.

E, em grande parte, esse é o motivo de Mariana agora estar na liderança. Ela sabe que não é a situação ideal. Ela gostaria de ter sido promovida porque apresentou resultados espetaculares (o que seria uma questão de tempo), e não porque o gerente com salário muito maior que o dela foi demitido. Mariana, contudo, é determinada. Ela já está no barco há um bom tempo, já passou por algumas chuvas fortes e ventanias moderadas. Agora que contempla a nova terra com mais clareza, está mais disposta do que nunca. Vai fazer a melhor limonada de São Paulo com os limões que a vida lhe ofereceu, até porque nem são tão azedos assim, e ela continua amando a área de CX!

Mariana sabe que há grandes desafios pela frente: vai precisar estudar bem mais do que estudou nesses dois anos na área, além de desenvolver algumas habilidades, em especial com relação à comunicação, já que, apesar de se comunicar de forma educada e gentil, as pessoas a veem como alguém de personalidade muito fechada.

O mais difícil, no entanto, vai ser convencer o pessoal da empresa de que as ações de CX geram mais vendas e reduzem custos. O setor não deve ser encarado como um desperdício de recursos, muito pelo contrário. E precisa convencer não só a alta cúpula (que já avisou esperar resultados mais expressivos), mas também os demais setores, que olham com desconfiança para CX, assim como os profissionais remanescentes da equipe desfalcada, que estão superdesmotivados e perdidos com a saída dos colegas e do gerente.

Mariana está enfrentando resistência de todos os lados e precisa de uma solução consistente, prática e efetiva. Mas onde buscar? Ela mantém o foco na terra nova, nem cogita voltar para a anterior, mas está apavorada com a possibilidade de naufragar.

RENATO: QUER FAZER A EMPRESA CRESCER, MAS NÃO SABE COMO

O empresário pensou que aos 50 anos sua vida seria mais tranquila. No entanto, no meio do trajeto, ele se viu apaixonado pela ideia de empreender, e, então, lançou-se no marzão de Deus. Isso é modo de dizer, pois, quando decidiu abrir o seu negócio, ele já tinha uma sólida experiência. Havia trabalhado mais de vinte anos em empresas do setor alimentício, boa parte desse tempo lidando com executivos, vice-presidentes e presidentes de empresas de médio a grande porte. Fez uma carreira respeitável. Presenciou o trabalho duro que é estar à frente de um empreendimento, mas também o prazer. E, por isso, quando viu que não tinha mais o que acrescentar a negócios alheios, decidiu pegar seu barco e ir para novas terras: abriu uma padaria.

Desde pequeno, Renato mantém uma relação afetiva com padarias. Ele se recorda dos sábados que andava com seu pai pelas ruas do Recife Antigo e sempre tomavam café em um estabelecimento desse. A manhã passava devagar entre um pão e outro, uma fatia de bolo e outra, um suco… O pedido do pai nunca mudava: macaxeira, queijo coalho e um pingado. O pai de Renato levava o jornal e o lia com calma, enquanto degustava sua refeição calmamente. O menino o observava, enquanto devorava sua sobremesa favorita: bolo de rolo com recheio de goiabada. Apesar de amar o bolo, o aroma que nunca deixou o imaginário do empresário é o de pão fresquinho, sempre associado a boas lembranças. Para ele, não há cheiro melhor.

A primeira padaria de Renato tem mais de quatro anos, ele a abriu ainda quando estava no mercado e logo percebeu o quão desafiador era conciliar as duas ocupações. A segunda é recente, foi inaugurada há um mês, e a calmaria ainda parece longe de chegar.

O empresário tem percebido a necessidade de trazer ideias diferentes para o negócio, que conta com uma equipe de quarenta pessoas. A empresa tem crescido bastante e, com a abertura de novas filiais, não vai demorar muito para o negócio alcançar o tamanho de empresa média, o que acarreta novos desafios.

Como é um profissional muito ativo, não se conforma com a mesmice e quer ajudar a sua empresa a crescer. Percebe que pode ajudar tanto melhorando o relacionamento com o cliente quanto nas demais áreas. Ele já leu sobre estratégias de CX, mas ainda não está claro como aplicá-las em seu negócio e se isso realmente pode ocasionar melhores resultados e vantagens. Como está muito focado em aumentar as vendas, qualquer iniciativa que não lhe trouxer resultados positivos dificilmente vingará. A maioria dos exemplos que Renato lê sobre CX é de B2B. Então, ele sempre fica em dúvida se é possível adaptar esse material à sua realidade de B2C.

Além dos desafios internos da empresa, há o externo: ele deseja se destacar em um mercado cuja concorrência é acirrada. Ele não quer ser mais *uma* padaria, mas *a* padaria. Quer qualidade, reproduzir o sentimento de quando era menino e a vida passava mais devagar. Deseja que seus clientes tenham a mesma experiência que ele tinha, de uma pausa reconfortante em um dia atribulado, com um bolo de rolo delicioso e um saboroso café.

O empresário sonha alto. Como dito, planos ele tem, e aos montes! A questão toda é como viabilizá-los, em especial, financeiramente. Há muitos custos envolvidos em uma expansão, portanto, está no limite. Como não tem orçamento para contratar uma consultoria de CX, busca em livros e cursos conhecimentos sobre experiência do cliente para aprender mais e implementar mudanças pontuais. Só que ele sabe que não será o suficiente. No barco em que está, não conseguirá chegar à terra pretendida. Ele precisa de um barco maior e mais robusto para enfrentar tudo isso. Mas onde encontrar um? Se não fizer um "upgrade" em seu barco, corre o risco de ficar à deriva, rodando em círculos em alto-mar.

O problema é que uma hora o combustível vai acabar. Aí pode ser tarde demais para pedir ajuda da guarda costeira.

AS ONDAS QUE PODEM VIRAR O SEU BARCO

Se você está com este livro em mãos, acredito que tenha se identificado com uma dessas pessoas que acabei de lhe apresentar, se não totalmente, com alguns aspectos de suas jornadas. João, Mariana e Renato estão vivendo momentos decisivos. Querem investir mais na carreira e servir melhor ao próximo, mas há adversidades a serem superadas. Por vezes, eles se perguntam como foram parar nessa situação tão estafante e em que momento erraram. Mas, como são corajosos, seguem em frente fazendo o que podem.

Isso tem acontecido com você, certo? Seu desejo é avançar em seus objetivos profissionais, estabelecer relacionamentos sólidos com o seu cliente e proporcionar a ele uma experiência incrível que mudará a vida dele e a sua. No entanto, sua bússola parece estar quebrada, as ondas têm batido com força no casco do barco e você mal tem tido forças para controlar o leme, perdeu o rumo.

É preciso que, antes de agir para ter novamente o controle do barco e voltar com força total para sua rota, você conheça os tipos de ondas que podem virar o seu barco.

Vamos continuar com os exemplos de João, Mariana e Renato para você ter uma clara visão das dificuldades. Aliás, fique sabendo, desde já, que vamos acompanhar os três ao longo deste livro. Ao término de nossa trajetória, você estará íntimo deles.

AMBIENTE CORPORATIVO DESAFIADOR

João, como vimos, tem muita força de vontade e acabou de entrar no barco, pois acabou de descobrir, de fato, a qual destino quer chegar. A questão é que ele trabalha em um ambiente que lhe oferece enormes desafios. Como, enquanto colaborador de uma empresa, ele conseguirá oferecer ao cliente uma ótima experiência se não há recursos que lhe possibilitem isso? Lembre-se: ele está sobrecarregado de afazeres e não tem suporte nem autonomia para resolver as demandas mais complexas dos clientes. Apesar de dar o seu máximo, não se sente reconhecido pela sua gerência. Ele está enfrentando uma onda que se chama **ambiente corporativo desafiador**.

Segundo pesquisa da Harvard Business School, quase metade dos funcionários que experimentaram um local de trabalho ruim reduzem seus esforços e escolhem, de modo consciente, passar menos tempo no trabalho – decisão que quase sempre não tem a ver com os clientes. Ainda de acordo com o estudo, 38% diminuíram de maneira intencional a qualidade de suas atividades laborativas por conta disso.[32] E você pensa que os efeitos ficam apenas entre as quatro paredes do escritório? Dificilmente! Uma pesquisa revelou que 30% das pessoas também se sentem irritadas em casa, influenciadas pelo ambiente em que trabalham.[33]

Já vimos, no capítulo 1, que tudo isso pode gerar adoecimento ao trabalhador. Para as empresas há também severas consequências: queda na produtividade, aumento do número de afastamentos médicos, perda de colaboradores capacitados (devido ao comprometimento da relação empregado/empregador), rotatividade de pessoal, perda da qualidade dos produtos/serviços oferecidos, bem como do atendimento ao cliente, comprometimento do faturamento e até da imagem da marca, afinal, nenhuma empresa quer ser conhecida no mercado como péssima para se trabalhar.[34]

---

[32] HOUSMAN, M.; MINOR, D. **Toxic Workers**: Working Paper 16-057. Harvard Business School, 2015. Disponível em: www.hbs.edu/ris/Publication%20Files/16-057_d45c0b4f-fa19-49de-8f1b-4b12fe054fea.pdf. Acesso em: 14 mar. 2024.

[33] MIRZA, B. Toxic Workplace Cultures Hurt Workers and Company Profits. **SHRM**, 25 set. 2019. Disponível em: https://www.shrm.org/topics-tools/news/employee-relations/toxic-workplace-cultures-hurt-workers-company-profits. Acesso em: 14 mar. 2024.

[34] AMBIENTE de trabalho tóxico: 7 sinais para você ficar alerta! **Zendesk**, 17 maio 2023. Disponível em: www.zendesk.com.br/blog/ambiente-de-trabalho-toxico/. Acesso em: 14 mar. 2024.

RESISTÊNCIA A MUDANÇAS E FOCO NO CURTO PRAZO

A onda principal que Mariana está enfrentando tem a ver com **resistência a mudanças** e **foco no curto prazo**. Isso tem prendido a profissional a uma rotina puxada para alcançar resultados imediatos e de mesmice.

Resistência a mudanças tem ligação direta com o medo do desconhecido que toda mudança traz. Enfrentar o que não conhecemos nos tira muito da zona de conforto. Por que seria diferente quando o assunto é uma empresa? Muitos ainda acreditam na máxima: "Não se mexe em time que está ganhando!". Mas a verdade é que se mexe, sim, quando se trata de negócios, para ganhar ainda mais!

Perceba que sentir medo do desconhecido é natural. É uma resposta biológica do organismo a uma situação identificada como perigo. O que não devemos é permitir que esse medo nos paralise,[35] tanto no sentido micro (do colaborador) quanto no macro (da empresa). Neste último caso, a empresa que resiste às transformações do mercado sucumbe. Como somos neurobiologicamente programados para resistir a mudanças, isso acarreta o fracasso de inúmeras iniciativas, gerando prejuízos na casa dos bilhões de dólares.[36]

E tudo piora se a empresa, como a de Mariana, **foca o curto prazo**, em alcançar resultados imediatos. A organização que se preocupa apenas em apagar incêndios e não enxerga o negócio como um todo não resiste. Sem um planejamento estratégico, é desafiador para as empresas sobreviverem em um cenário de mercado cada vez mais

---

[35] SENTIR medo é normal e saudável, mas, em excesso, atrapalha. **Estado de Minas**, 9 ago. 2019. Disponível em: www.em.com.br/app/noticia/bem-viver/2019/08/09/interna_bem_viver,1074654/sentir-medo-e-normal-e-saudavel-mas-em-excesso-atrapalha.shtml. Acesso em: 14 mar. 2024.

[36] ANDREATTA, B. **Programado para resistir**: a neurociência explica por que as mudanças falham e um novo modelo para impulsionar o sucesso. São Paulo: DVS, 2022.

competitivo. Não à toa, a falta de planejamento estratégico é um dos principais motivos que levam as empresas a fecharem as portas logo nos primeiros anos de atividade.[37] E, quando o assunto é empresas multinacionais, o desafio é ainda maior, pois essas gigantes muitas vezes exageram nos processos e limitam a autonomia dos profissionais locais.

DESVANTAGEM COMPETITIVA PARA EMPREENDER

A onda que Renato está enfrentando é gigante também. Ela naufragou, em 2022, mais de 1,6 milhão de barcos (ou seja, empresas)[38] e, no segundo quadrimestre de 2023, mais de 730 mil.[39] O nome dela é desvantagem competitiva para empreender.

Há mais números alarmantes. Para você ter uma ideia do desafio: quase 50% das empresas não sobrevivem mais de três anos,[40] menos de 40% sobrevivem após cinco anos,[41] e apenas 80% chegam às

---

[37] FALTA de planejamento estratégico prejudica MPEs. **FCDL Ceará**, 2 dez. 2022. Disponível em: https://fcdlce.org.br/falta-de-planejamento-estrategico-prejudica-mpes/. Acesso em: 14 mar. 2024.

[38] MAIS de 1,6 milhão de empresas encerraram atividades em 2022. **Terra**, 24 abr. 2023. Disponível em: www.terra.com.br/noticias/mais-de-16-milhao-de-empresas-encerraram-atividades-em-2022,5e05d483f8cb1baf51c4f0800cc7f3b0rdecarhb.html. Acesso em: 14 mar. 2024.

[39] MAIS de 700 mil empresas fecham no 2º quadrimestre do ano. **Terra**, 19 out. 2023. Disponível em: www.terra.com.br/noticias/mais-de-700-mil-empresas-fecham-no-2-quadrimestre-do-ano,fc38b382fb6983c8dce622f74d3c7077on4fbdeu.html. Acesso em: 14 mar. 2024.

[40] NADER, D. Quase 50% das empresas fecham em até três anos. **Contábeis**, 28 set. 2021. Disponível em: www.contabeis.com.br/noticias/48838/quase-50-das-empresas-fecham-em-ate-tres-anos/. Acesso em: 14 mar. 2024.

[41] MENOS de 40% das empresas nascidas no Brasil sobrevivem após cinco anos. **O Tempo**, 22 out. 2021. Disponível em: www.otempo.com.br/economia/menos-de-40-das-empresas-nascidas-no-brasil-sobrevivem-apos-cinco-anos-1.2559352. Acesso em: 14 mar. 2024.

RESISTÊNCIA A MUDANÇAS TEM LIGAÇÃO DIRETA COM O MEDO DO DESCONHECIDO QUE TODA MUDANÇA TRAZ. ENFRENTAR O QUE NÃO CONHECEMOS NOS TIRA MUITO DA ZONA DE CONFORTO.

O CAMINHO DO CLIENTE
@RICPENA

> **HÁ 93 MILHÕES DE BRASILEIROS EMPREENDENDO, OU EM VIAS DE COMEÇAR UM NEGÓCIO, QUE NÃO ENCONTRAM UM AMBIENTE FAVORÁVEL PARA TAL.**

bodas de estanho, completando uma década de funcionamento.[42] Pensando nesses números, Renato está caminhando para os cerca de 40% que sobrevivem após cinco anos de atividades.

Apesar de o Brasil ter a maior taxa de empreendedorismo do mundo (seis em cada dez brasileiros estão envolvidos com a criação de um negócio próprio),[43] ficando à frente de nações como Estados Unidos e Japão, o país ocupa o 60º lugar no ranking de competitividade, em uma lista que contém 64 nações. Ou seja, uma das piores posições quando se trata de oferecer condições para empreender.[44] Há 93 milhões de brasileiros empreendendo, ou em vias de começar um negócio, que não encontram um ambiente favorável para tal.[45]

Os motivos para essa realidade são os mais diversos, e muitos já conhecidos dos brasileiros: a alta carga tributária, a complexidade burocrática (apesar de a adoção do MEI ter melhorado parte dessa

---

[42] CARNEIRO, L. Quase 80% das empresas brasileiras não dura dez anos, diz IBGE. **Valor Investe**, 22 out. 2021. Disponível em: https://valorinveste.globo.com/objetivo/empreenda-se/noticia/2021/10/22/quase-80-pontos-percentuais-das-empresas-brasileiras-no-dura-dez-anos-diz-ibge.ghtml. Acesso em: 14 mar. 2024.

[43] ALVES, M. R. Brasil é o primeiro em ranking de empreendedorismo. **Exame**, 29 mar. 2015. Disponível em: https://exame.com/pme/brasil-e-o-primeiro-em-ranking-de-empreendedorismo/. Acesso em: 14 mar. 2024.

[44] TOOGE, R. Competitividade empresarial piora, e Brasil recua uma posição em ranking mundial. **InfoMoney**, 19 jun. 2023. Disponível em: www.infomoney.com.br/negocios/competitividade-empresarial-piora-e-brasil-recua-uma-posicao-em-ranking-mundial/. Acesso em: 14 mar. 2024.

[45] MAIS de 93 milhões de brasileiros estão envolvidos com o empreendedorismo. **Agência Sebrae**, 10 maio 2023. Disponível em: https://agenciasebrae.com.br/cultura-empreendedora/mais-de-93-milhoes-de-brasileiros-estao-envolvidos-com-o-empreendedorismo/. Acesso em: 14 mar. 2024.

questão), falta de acesso a crédito, instabilidade econômica etc., que levam as organizações a enfrentarem o desafio de gerenciar eficientemente seus recursos financeiros, otimizando custos sem comprometer a qualidade e a inovação.

Renato conhece essa difícil realidade e, por isso, está correndo contra o tempo para não deixar seu barco naufragar. Porém, com recursos limitados, não sabe como agir.

ONDE BUSCAR CONHECIMENTOS SÓLIDOS?

Há ainda outra onda que os três personagens estão enfrentando: onde buscar **conhecimentos sólidos**, principalmente aqueles que não se limitem à romantização do CX, falando apenas "ame o seu cliente", mas não apresentando resultados práticos e tangíveis de melhorias. No início deste capítulo, comentei que, além de resiliência, foco, determinação e coragem, seria preciso mais uma coisa para que a importante travessia fosse bem-sucedida. Então, tem justamente a ver com conhecimento. Sem isso, sem técnica, o barco afunda.

João acabou de descobrir a CX, logo, está engatinhando no processo; Mariana tem algum conhecimento, pois já é da área, mas precisa desenvolvê-lo mais, uma vez que agora está na liderança; e Renato, apesar da sua vasta experiência como empreendedor, precisa equilibrar os pratinhos entre liderar a sua empresa e buscar soluções para aumentar as vendas. Percebe como eles precisam buscar conhecimento? Só que ele nem sempre está acessível – não quando se quer algo de qualidade e cuja eficácia já tenha sido testada e provada.

É claro que há muita informação disponível por meio de livros, cursos e até mesmo on-line. Mas há duas questões aí, ao menos com relação à CX: a maioria ainda é em inglês e é preciso fazer uma curadoria. Ou seja: o que de fato funciona? A fonte é confiável? Apresenta resultados palpáveis? Ensina uma técnica eficiente e que se encaixa às minhas necessidades?

O fato é que o mercado atual – seja ele qual for: de serviços, comércio, indústria – exige adaptabilidade e o uso de estratégias eficazes por parte das organizações. Apenas assim elas são capazes de se manter relevantes, competitivas e bem-sucedidas. Quem não consegue vencer as ondas, quebra, ou melhor, afunda. É duro, mas é a realidade.

A disputa para cada organização conseguir o seu lugar ao sol no mercado é acirrada. Sabemos que o sol nasce para todos, mas não necessariamente todos são iluminados por ele de modo igual o tempo todo. Há pontos de nuvens, por exemplo. Há a influência do vento. De vez em quando, vem uma chuva que se transforma em um temporal e, com sorte, não escalona para algo ainda pior. E, assim, as organizações e os profissionais seguem (ou tentando, ao menos) em seus barcos.

Navegar em mar aberto é difícil mesmo. O risco de naufrágio é grande. Tudo pode acontecer, e a qualquer momento. As condições adversas vêm e impelem você a desistir, mas chegar à outra margem é completamente possível. Nos próximos capítulos, vou ajudá-lo nisso.

Sabe o que vou fazer? Mostrar-lhe como adicionar uma vela mais forte ou um motor mais robusto no seu barco e trocar o leme desgastado por um novo, munindo você de informações robustas e de um método que vai mudar a sua vida, a da sua empresa e a do seu cliente. Chega de remar e quase não sair do lugar.

Prepare-se para a guinada que seu barco dará.

E aí, pronto para espalhar boas experiências?

SEM UM PLANEJAMENTO ESTRATÉGICO, É DESAFIADOR PARA AS EMPRESAS SOBREVIVEREM EM UM CENÁRIO DE MERCADO CADA VEZ MAIS COMPETITIVO.

O CAMINHO DO CLIENTE
@RICPENA

03.
RUMO AO TOPO DA MONTANHA

"É NOSSO TRABALHO, TODOS OS DIAS, TORNAR CADA ASPECTO IMPORTANTE DA EXPERIÊNCIA DO CLIENTE UM POUCO MELHOR."

Jeff Bezos, CEO da Amazon[46]

---

[46] AMAZON is One of the Oldest and Largest Online Stores in the World. **Amazon**. Disponível em: https://amazon.jobs.cz/amazon-as-en-employer. Acesso em: 15 mar. 2024.

Certa vez, minha filha se aproximou de mim com um pedido: queria uma mochila. Ela havia se apaixonado por um modelo customizável que tinha visto no Instagram. Dei uma olhada no link que ela me enviou, e, de fato, o produto aparentava ser bom. Ainda assim, pesquisei mais modelos em outras empresas e, no final, levando em consideração o desejo de Giovana e a qualidade aparente do item, comprei a mochila que ela me mostrara. A diferença de valor desta para as demais era pequena.[47]

Durante a compra, veio a primeira surpresa positiva: comprando a mochila, ganhava uma carteira. Mesmo sendo um item gratuito, a empresa permitia não só escolher o modelo da carteira como também personalizá-la. Já ganhou alguns pontos comigo.

Assim que finalizei o pagamento, recebi uma mensagem por WhatsApp, perguntando se eu gostaria de ser atualizado por aquele canal cada vez que tivessem uma novidade sobre a compra. Por gostar desse tipo de serviço, confirmei o recebimento de mensagens. Até o produto chegar às minhas mãos, foram enviadas três mensagens – um número bastante aceitável – sobre o status da entrega. Tranquilidade total.

A mochila chegou perfeita, exatamente como minha filha havia customizado no site. A carteira, idem. Os dois itens com ótima qualidade. Mas não acabou por aí. A empresa ainda ganhou mais alguns créditos comigo, pois enviou outro presente surpresa: um fone de ouvido muito legal! Resultado: minha filha ficou feliz demais com

---

[47] CUSTOMER Experience Defined. **Forrester**, 23 nov. 2010. Disponível em: https://www.forrester.com/blogs/definition-of-customer-experience/. Acesso em: 15 mar. 2024.

os produtos, e eu impressionado com a qualidade deles e do processo de venda. Que ótimo investimento!

Percebe como, às vezes, satisfazer o cliente não requer ações mirabolantes? Isso só é possível quando se dá o devido valor à experiência do cliente. Mas o que de fato é CX?

CX NÃO É APENAS ATENDIMENTO

A definição de CX da Forrester – empresa referência na área – é uma das mais precisas que já ouvi. Segundo a empresa, experiência do cliente é o conjunto de impressões e percepções que o cliente tem quando interage com determinada marca.[48]

Por essa razão, gosto de iniciar sempre usando esse conceito e na sequência dizer o que não é definição de CX. Geralmente, afirmo: experiência do cliente não é sinônimo de atendimento ao cliente – não somente. As duas expressões até podem parecem sinônimas e, às vezes, (infelizmente) são utilizadas dessa forma, mas de fato não são.

O atendimento ao cliente inclui todo suporte que uma empresa oferece a seus consumidores antes, durante e depois da compra. Se esse atendimento for satisfatório, o cliente terá uma bela experiência com a empresa. Essa área é uma das mais importantes e pode transformar-se na chave para o sucesso dos negócios. Mas não é a experiência do cliente.

A área de experiência do cliente é mais ampla, inclusive inicia antes mesmo de a pessoa se tornar cliente. Diz respeito a todo contato que um consumidor tem com determinado serviço ou produto, incluindo a marca, e se mede com base nas interações do cliente com as plataformas sociais da empresa, sejam elas on-line, off-line, virtual, física, direta ou indireta. É importante, porém, frisar que esse conceito pode mudar, uma vez que, assim como os canais de

---

[48] MANNING, H. Custumer Experience Defined. **Forrester**, 23 nov. 2010. Disponível em: https://www.forrester.com/blogs/definition-of-customer-experience/. Acesso em: 28 mar. 2024.

interação estão em constante mudança, os consumidores mudam com o passar do tempo.

A experiência que o cliente vai ter com a empresa pode e deve ser planejada como algo estratégico. Primeiro, deve-se estudar atentamente a jornada de negócios e outras nuances que possam interferir no processo. Depois disso, é possível elaborar as ações para agregar valor e garantir uma experiência completa e prazerosa para o cliente.

Melhorar a experiência do cliente não significa apenas personalizar o atendimento. É importante que a relação da empresa com o consumidor seja fortalecida com um relacionamento que vá além de uma simples transação comercial. Tem a ver com a totalidade das impressões de uma pessoa sobre determinada marca em qualquer momento da jornada dela com a empresa. Portanto, CX está intrinsecamente ligada às ações da organização em pontos de contato com o público – seja ele interno, seja externo.

Pegando como exemplo o caso da mochila, a maneira como era vendida e customizada no site fazia parte da experiência além do atendimento. Já o atendimento tem a ver com o contato que tive com a empresa durante a compra (o canal virtual por meio do meu celular), a entrega (a possibilidade de acompanhar tudo por WhatsApp) e o Serviço de Atendimento ao Cliente (SAC), caso eu precisasse fazer uma reclamação ou um elogio, ou dar uma sugestão. Ou seja, o atendimento, receptivo ou ativo, é uma fase destinada a resolver uma questão ou atender a uma solicitação em um momento específico.

MELHORAR A EXPERIÊNCIA DO CLIENTE NÃO SIGNIFICA APENAS PERSONALIZAR O ATENDIMENTO. É IMPORTANTE QUE A RELAÇÃO DA EMPRESA COM O CONSUMIDOR SEJA FORTALECIDA COM UM RELACIONAMENTO QUE VÁ ALÉM DE UMA SIMPLES TRANSAÇÃO COMERCIAL.

Veja que a experiência do cliente, por sua vez, é tudo isso e muito mais. Tem a ver com como a marca me fez sentir, como ela se apresentou a mim (o modo de ofertar seus produtos, como captou a minha atenção antes mesmo de eu realizar a compra), como se preocupou com as minhas necessidades (um produto de qualidade, acompanhamento de entrega, prazo de entrega cumprido) e foi além, oferecendo customização e produtos extras (a carteira e o fone de ouvido). Engloba toda a interação estabelecida entre o cliente e a marca, não apenas o momento da compra, mas também as fases que precedem e sucedem essa transação.

Assim, podemos afirmar que o atendimento ao cliente está contido na CX, cujo objetivo é a construção de relacionamentos genuínos que ultrapassem a simples resolução de problemas e queixas.

Vou fazer uma analogia simples, que deixará ainda mais claro o conceito de CX. Sabe aquela avó que sabe exatamente o que o neto gosta de comer e, por querer agradar a ele, prepara bolos, sucos e sanduíches para recebê-lo? Inclusive deixa a piscina limpinha para ele se refrescar em um dia de calor intenso? Pois, então! A vovó é a área de CX, que sabe qual é a melhor maneira de agradar quem procura a empresa e coloca isso em prática, de tal modo que, mesmo que a pessoa não compre nada em um primeiro momento, ficará tão contente que voltará para realizar a compra.

O neto chega à casa da vovó e encontra um bolo quentinho, acompanhado de um suco de fruta e uma piscina à espera dele. Além disso, pode escolher o cardápio para o almoço.

É assim que o cliente deseja se sentir: como se estivesse na casa da avó querida que antecipa suas vontades, sem nem mesmo precisar entrar em contato com o atendimento!

APRESENTANDO NÚMEROS

Os benefícios de se adotar CX e mapear uma jornada icônica do cliente são inúmeros. Nossos personagens João, Mariana e Renato já se convenceram disso – tanto que, assim como você, estão se aprofundando no assunto. Como sei que você gosta de números (e eu também, confesso),

vou lhe apresentar mais alguns dados da pesquisa citada anteriormente da CX Trends 2023:[49]
1. 87% dos consumidores preferem comprar de marcas que oferecem uma boa experiência ao cliente;
2. 75% afirmaram que estão dispostos a pagar mais caro por uma experiência melhor;
3. 83% declararam que fazem questão de indicar a marca para amigos e familiares e publicar nas redes sociais quando têm uma boa experiência com ela;
4. 70% afirmaram gastar mais com empresas que oferecem ao cliente experiências fluidas, personalizadas e integradas.

E segundo a pesquisa do Shep Hyken de 2023:[50]
1. 69% dos clientes afirmaram que uma boa experiência de compra os faz voltar a consumir da empresa;
2. 82% declararam que uma ótima experiência de compra aumenta sua confiança em uma empresa.

Além disso, a Forrester descobriu, em pesquisa com mais de 1.024 empresas dos Estados Unidos, que organizações centradas no cliente têm o maior crescimento médio de vendas em três anos, os mais altos níveis de satisfação do cliente e os mais altos níveis de satisfação dos funcionários.[51]

Não se iluda: o cliente sabe o que deseja, quando e como quer suas necessidades atendidas e deixa clara sua vontade. Ele quer terminar a

---

[49] OCTADESK. *op. cit.*

[50] THE State of Customer Service and CX: The 2023 ACA Study. **ACA Report**, 2023. Disponível em: https://hyken.com/wp-content/uploads/2023/10/ACA-State-of-CX-2023.pdf. Acesso em: 15 mar. 2024.

[51] MANNING, H.; KARPINSKI, S. Forrester's Q3 2016 Customer-Obsessed Operating Model Online Survey: The Five Essential Steps to Plan Your CX Transformation. **Forrester**, 19 fev. 2019. Disponível em: https://www.forrester.com/report/the-five-essential-steps-to-plan-your-cx-transformation/RES137907. Acesso em: 15 mar. 2024.

> **NÃO SE ILUDA: O CLIENTE SABE O QUE DESEJA, QUANDO E COMO QUER SUAS NECESSIDADES ATENDIDAS E DEIXA CLARA SUA VONTADE. ELE QUER TERMINAR A JORNADA DE COMPRA (SE É QUE TEM UM FIM) NÃO APENAS SATISFEITO, MAS ENCANTADO.**

jornada de compra (se é que tem um fim) não apenas satisfeito, mas encantado. E, se você lhe oferecer esse tipo de experiência icônica, além de criar um vínculo de confiança e lealdade com ele, ganhará tempo, diminuirá custos e aumentará a receita da empresa. Afinal, clientes satisfeitos gastam e voltam mais vezes. Com mais clientes leais à sua marca, mais se reduz a taxa de *churn* – por que eles recorreriam à concorrência se você está atendendo às expectativas deles? É importante lembrar, também, que reter clientes é fundamental, pois adquirir novos geralmente demanda mais recursos financeiros e tempo do que manter os existentes.[52]

A verdade é que investir em CX é um caminho sem volta. As empresas cada vez mais têm ciência das vantagens de sua implementação. Não à toa, 63% dos gestores da área afirmam que sua empresa tem priorizado tal estratégia há mais de um ano.[53]

Já falamos bastante sobre CX, e acredito que, agora, você esteja se perguntando: "Ok, Ricardo, mas onde entra o mapeamento da jornada do cliente nisso?".

Explico a seguir.

---

[52] CUSTOMER experience: entenda o que é e como melhorar a experiência do cliente. **CNN**, 29 jun. 2023. Disponível em: www.cnnbrasil.com.br/economia/customer-experience/. Acesso em: 15 mar. 2024.

[53] 5 CASES de experiência do cliente: as melhores estratégias. **ZenDesk**, 10 jan. 2024. Disponível em: https://www.zendesk.com.br/blog/experiencia-do-cliente-cases/. Acesso em: 15 mar. 2024.

E ONDE ENTRA A JORNADA DO CLIENTE?

Jornada é pensar no cliente. Tem a ver com suprir as expectativas dele, conduzindo-o do ponto A ao B. E esse trajeto deve ser o mais suave possível, em estradas bem pavimentadas, com as devidas sinalizações e, mesmo que o carro não seja uma BMW, ele deve ser confortável e seguro. Ao longo do caminho, novas demandas podem surgir: necessidade de abastecer, uma fome inesperada ou vontade de ir ao banheiro, obras na pista etc. Para todas as situações, à medida que o cliente segue, precisamos suprir essas necessidades com excelência. Assim, quando ele alcançar o seu destino, vai querer vir mais vezes.

A metodologia da jornada do cliente aprofunda a nossa compreensão do consumidor e do colaborador em negócios B2B ou B2C. Tem relação com entender o cliente, quebrar comportamentos isolados dentro das empresas, torná-lo o centro da experiência. Uma vez que nas jornadas o foco é o cliente, devemos diferenciá-las de processos; estes colocam o foco na empresa. Por vezes, há atritos entre os dois, em especial quando o processo atropela o cliente. Perceba: nem sempre o que é melhor para a empresa é o melhor para a experiência do cliente. Não podemos dizer para o nosso colaborador ou nosso consumidor: "É assim que as coisas são. Dê o seu jeito". As regras precisam beneficiar ambos, com a balança sempre pendendo para o lado do cliente.

A verdade é que os mapas de jornada ajudam a transformar organizações. Trazem uma série de benefícios que vão muito além da vantagem tática em projetos de melhoria. Os líderes CX podem alavancar a jornada do cliente mapeada para:

1. Integrar diversas áreas, acabando com os silos, a fim de lidar com a experiência do cliente de ponta a ponta. Esse mapeamento permite que os profissionais de CX identifiquem pontos de contato esquecidos, encontrem problemas anteriormente desconhecidos e suas causas raízes, esclareçam funções, quantifiquem o valor da experiência do cliente e suas melhorias.
2. Estimular a dedicação ao cliente em toda a organização. Os mapas de jornada possibilitam empatia com os clientes, ava-

liando como os pontos de contato influenciam suas ações. Além disso, os mapas ajudam a tornar a visão da CX tangível para funcionários e parceiros.
3. Adicionar o pensamento e a satisfação do cliente como item obrigatório em todos os processos criados, reduzindo assim a burocracia para o cliente e aumentando a autonomia dos que têm contato direto com ele.

Uma ótima jornada do cliente muda vidas. É sério. Mudou a minha, pelo menos. Foi por ter experimentado uma jornada do cliente icônica, em que tive o meu momento "Eureka!", que decidi melhorar a forma de me relacionar com clientes e colegas de trabalho. E pensar que tudo começou com um manobrista fofoqueiro...

MANOBRISTA "FOFOQUEIRO"

Foi no Ritz-Carlton onde vivi a melhor jornada do cliente da vida. Já sei o que está pensando: *Ah, mas é claro. Hotel top, luxuoso. Devem dar até um iPhone para quem se hospedar lá!* Apesar de eu gostar de spoiler, como você já sabe, vou deixar o melhor para o final.

Quando aconteceu, eu já trabalhava há uns bons anos com soluções para relacionamento com o cliente. Então, sempre que possível, ia a lugares com fama de oferecer uma boa experiência ao cliente, como parque Disney, lojas da Apple, Harley-Davidson, Universal e por aí vai.

Sendo assim, o Ritz-Carlton, uma cadeia estadunidense de hotéis de alto padrão e resorts, com presença em trinta nações e territórios, abrangendo um total de 91 estabelecimentos,[54] não poderia ficar de fora.

Na época, eu participava do grupo de consultoria da Avaya, e, todo ano, o time global da área se reunia nos Estados Unidos – cada ano em uma cidade diferente. O evento durava três dias, mas, em geral, ficávamos uma semana.

---

[54] Para saber mais, acesse: www.ritzcarlton.com/en/about-the-ritz-carlton/. Acesso em: 24 jan. 2024.

Apresentei a proposta de hospedagem para a empresa, mas foi negada. Ok, compreensível. Afinal, estamos falando de um valor bem mais alto do que os demais hotéis aprovados pela política da empresa. Mesmo assim, resolvi me dar de presente a hospedagem durante os dias do evento. Pensei: *A empresa está pagando passagem, aluguel de carro, tudo... Vou gastar um dinheirinho aqui.*

Saí de Guarulhos em direção a Miami em um voo noturno. E quem me conhece sabe: não consigo dormir em avião, no máximo tiro um cochilo. Chegando lá, ainda precisei dirigir um carro alugado por quase quatro horas até Sarasota. Imagine, então, o meu estado quando cheguei ao hotel.

Assim que parei no estacionamento do Ritz-Carlton, o manobrista me recebeu, perguntando o meu nome. Conferiu-o na lista dos hóspedes e me disse: "Senhor Ricardo, ficará conosco três dias e é a sua primeira vez aqui no hotel, não é?". Confirmei as informações, e ele me informou que me acompanharia até a recepção para que eu pudesse realizar o check-in e começasse a, segundo suas palavras, "desfrutar dos três melhores dias da sua [minha] vida". Pensei: *Uau, ok. Vamos lá, né? Viver os melhores dias da minha vida!*

No caminho até a recepção, conversamos amenidades, e uma delas foi o meu voo. Ao me perguntar como havia sido, eu disse o quanto estava cansado por não ter conseguido dormir direito na viagem e pelo tempo que dirigi. Depois que ouviu, ele me tranquilizou: "Daqui a pouco, o senhor vai estar no seu quarto e vai poder descansar".

Como na recepção havia outra pessoa fazendo o check-in, o manobrista me avisou que chamaria um colega para me fazer companhia. O colega dele, assim que chegou, logo me ofereceu água e até champanhe. *Nossa, champanhe! Que legal! Nunca me ofereceram champanhe em check-in*, pensei, já me apaixonando pela jornada. Pedi uma água mesmo, e ele comentou: "Sei que o senhor está cansado, pois não dormiu no avião. Daqui a pouco, vai estar no seu quarto e conseguir descansar, não se preocupe". Em minha mente, pipocou: *Caramba, como é que ele sabe? Acabei de contar para o manobrista!* Mas fiquei feliz, ele demonstrou preocupação com o meu bem-estar.

No check-in, a recepcionista me deu o cartão da porta do quarto e me informou que outro colega me acompanharia, a fim de me mostrar o hotel ao longo do trajeto. E soltou: "Sei que o senhor não conseguiu dormir direito no avião, mas daqui a pouco vai estar no seu quarto e descansar". De novo, fiquei assombrado. *Como é que ela sabe? Todo mundo já sabe que eu não consegui dormir no avião? Manobrista fofoqueiro!*

À medida que nos dirigimos até o quarto, além de me mostrar onde ficava a academia, a sauna, a loja do hotel etc., ele disse: "Se houver algo que queira comprar aqui nos Estados Unidos e não encontrar na loja do hotel, pode me pedir que busco para o senhor." Incrível! Aliás, essa foi a palavra que eu mais falei durante aqueles dias. Academia incrível, piscina incrível, loja incrível, acesso à praia incrível. Tudo incrível. Até a voz do elevador era sexy!

Em determinado momento, em meio a um "incrível" e outro que eu soltava, passamos pelo restaurante. "Sei que o senhor está cansado, pois não dormiu à noite no avião..." (Quase gritei nessa hora). "Então, acredito que vá dormir um pouco quando chegar ao quarto. Se quiser, posso reservar o restaurante para as oito da noite". Assim que concordei, ele me perguntou se eu gostava de vinho, pois também reservaria um para mim e estaria pronto em minha mesa quando eu jantasse. Respondi que adoro vinho, mas que amo ainda mais refrigerante. Sou fanático pela bebida e sempre que vou aos Estados Unidos gosto de experimentar sabores que não encontro no Brasil. Ele disse que eu poderia ficar tranquilo, pois havia vários tipos de refrigerantes no restaurante.

De verdade, foram três dias incríveis. Aquilo que o manobrista prometeu lá no começo, dizendo que seriam os três melhores dias da minha vida, o hotel cumpriu. Passei toda a estadia falando "incrível" – inclusive no checkout, quando vi a conta... Mas valeu cada centavo, pois a experiência foi maravilhosa. O melhor, porém, ainda estava por vir.

Quando saí do hotel, escutei: "Senhor Ricardo, tenho um presente para lhe entregar!". Eu me virei. Era a pessoa que havia me apresentado o hotel e me levado até o quarto. "Como o senhor disse que gosta de refrigerante, trouxe aqui os sabores mais exóticos dos Estados Unidos", disse ele, e me entregou uma mala com seis latinhas de refrigerante que eu nunca havia bebido. Com esse desfecho, fui conquistado de vez por aquela jornada, me senti escutado do início ao fim.

Nesse hotel de luxo, que colocou os serviços e os produtos mais incríveis à minha disposição, a melhor experiência que tive, de todas, não custou cinco dólares para ele.

Entenda de uma vez por todas: experiência incrível não é só para o mercado de luxo. É também para pequenas e médias empresas. É para todos. É para você.

Se você acha que isso só é possível fora do país, também está enganado. Eu passei por uma experiência bem semelhante no Brasil, em Gramado, no hotel Colline de France. Desde a chegada ao hotel até o checkout foi uma experiência nesse estilo Ritz-Carlton, mas em português, e havia ainda mais proximidade dos funcionários com a minha família.

SUA EMPRESA GERA BOAS EXPERIÊNCIAS?

Dê uma olhada na imagem a seguir:

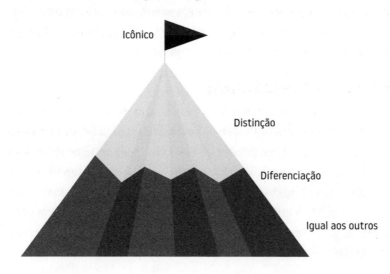

Sinceramente, você acha que a sua empresa está em qual dos quatro pontos com relação à experiência do cliente: igual às outras, começando a se diferenciar, é distinta das demais, ou já está criando experiências icônicas?

Na base da figura, está o primeiro nível: "igual aos outros". São empresas que não se preocupam muito com a experiência do cliente, apenas replicam o que as demais fazem, sem acrescentar algo novo. Nesse tipo de organização, o preço do produto/serviço conta bastante para o cliente, pois não há muita diferenciação com relação aos concorrentes nos outros quesitos. Claro que isso pode ser uma escolha estratégica da companhia – não há nenhum problema nisso. Ela sabe que não tem como competir em outros itens, então decide que vai trabalhar o preço para conquistar os clientes. Um bom exemplo que temos aqui no Brasil são redes de fast food de comida árabe. A esfiha é barata e bastante popular, o que a empresa busca é o alto volume de vendas. Não chega a ser um atendimento maravilhoso, nem usam ingredientes superdiferenciados, porque esse não é o foco da casa. Mas a estratégia funciona, pois atende um volume grande de clientes. Não será a melhor experiência da sua vida, mas você comerá bem por um ótimo preço. Assim, provavelmente, voltará. No entanto, por não ser sua preferência, não pensará duas vezes em substituir o local por outro.

Subindo na imagem, vem a "diferenciação". São aquelas organizações que realizam um trabalho um pouco diferente, que gera um bom resultado para o cliente. Imagine a situação: você liga para a empresa e, embora quem o atenda não seja treinado para a função, você se sente muito bem atendido. Isso ocorre pelo fato de esse colaborador ter conhecimento sobre o que está falando, além de facilidade em relacionamento interpessoal. A empresa, porém, não replica esse desempenho para o restante da equipe e, assim, acaba tendo um ou outro profissional muito bom, que faz ações pontuais (e pessoais), sem uma orientação da empresa. Nesse caso, é uma atitude que gera certa diferenciação. No entanto, como nem todos da equipe estão no mesmo patamar desse bom colaborador, todo o esforço dele pode ser em vão.

O terceiro nível é "distinção". Nele, estão as companhias que são diferenciadas, pois investem bastante em ações de atendimento, treinamento, reciclagem e atualização de todos os colaboradores. Essas empresas têm obsessão pela qualidade no atendimento: o que funciona bem uma vez querem que continue funcionando. São organizações com processos definidos, comercializam um bom produto, têm bom atendimento, bom processamento, boas entregas, enfim, visam à excelência. E isso gera uma distinção no seu segmento de atuação.

E tem a empresa "icônica". São aquelas que fazem tudo o que as empresas que estão no nível anterior fazem, com o *plus* de sempre inovar nos processos. Constantemente, apresentam soluções novas, um "algo mais" que surpreende, de modo positivo, o cliente. São organizações que estão há muitos anos no mercado, com o melhor produto, fazendo o melhor atendimento, o melhor processamento, a melhor entrega, gerando uma experiência maravilhosa para o cliente por muito tempo. Esse é o nosso objetivo.

Essa reflexão para descobrir em qual estágio a sua empresa se encontra é fundamental. Apenas quando temos a visão clara do ponto em que estamos, conseguimos traçar metas eficazes para alcançar o nosso objetivo final de destino.

Talvez, após analisar a própria empresa ou aquela onde trabalha, você tenha se sentido desestimulado ao constatar que ela está hoje na base da montanha. Você, agora, olha para o topo, e ele parece estar bem longe. Sim, é verdade que há outros níveis a serem alcançados, mas, de modo algum, é impossível escalar a montanha.

Independentemente do estágio em que a empresa se encontre,

APENAS QUANDO TEMOS A VISÃO CLARA DO PONTO EM QUE ESTAMOS, CONSEGUIMOS TRAÇAR METAS EFICAZES PARA ALCANÇAR O NOSSO OBJETIVO FINAL DE DESTINO.

é possível chegar ao topo e pegar a bandeira como sinal de vitória. Para tanto, porém, é primordial que a política adotada seja de melhora constante na experiência do cliente. É aí que entra o meu método.

MAPEANDO JORNADAS DO CLIENTE ICÔNICAS

Para alcançar o topo da montanha e fazer parte de uma empresa icônica, você precisa oferecer experiências de igual tipo ao seu cliente. Experiências que prezam por não menos que excelência. Lembra o exemplo da avó que gosta de agradar ao netinho? Então, ela, com carinho, prepara-se para receber a visita do pequeno. É isso que uma empresa deve fazer também. O cliente deseja perceber que a empresa está organizada, de modo a lhe agradar e a facilitar a experiência dele.

É isso que entrego com o método **Mapeamento da Jornada do Cliente**. Este é o resultado da compilação de anos de experiência em relacionamento com clientes, de compartilhamento de conhecimentos com colegas do setor e de participação em cursos, culminando em certificações conquistadas. Tudo isso para lhe oferecer a oportunidade de conhecer uma estratégia comprovadamente eficaz, adaptável ao seu negócio. Você terminará o livro pronto para mapear jornadas icônicas em sua empresa, levando a sua carreira e a organização ao mais alto nível de excelência.

O método contém sete passos, que são:
1. conhecer o cliente (e/ou colaborador) e criar as suas personas;
2. entender o caminho do cliente, mesmo antes de se tornar cliente;
3. mapear a jornada do cliente e descobrir tudo o que ele sente, pensa e faz;
4. surpreender o cliente nos momentos da verdade;
5. criar um plano de ação com pequenos passos;
6. gerar resultados, reconhecer colaboradores e engajar mais pessoas nessa missão;
7. melhorar, inovar e se tornar referência.

Vamos analisar em detalhes cada um deles. Já vá se preparando, pensando nos objetivos que deseja alcançar ao mapear jornadas. Procure respostas para perguntas do tipo: O que a empresa deseja conquistar – fidelização de clientes, expressividade da marca, redução de custos? Como a experiência do cliente afeta esses objetivos? O que nos impediu de fazer isso até agora?

Definir os objetivos antes de começar é vital. Já vi muitos projetos de CX que evoluíram bem e lá frente não conseguiram provar que realmente geraram resultados.

PARA ALCANÇAR O TOPO DA MONTANHA E FAZER PARTE DE UMA EMPRESA ICÔNICA, VOCÊ PRECISA OFERECER EXPERIÊNCIAS DE IGUAL TIPO AO SEU CLIENTE. EXPERIÊNCIAS QUE PREZAM POR NÃO MENOS QUE EXCELÊNCIA.

Prepare-se bem, pois vêm aí mais dados, mais informações relevantes, mais cases, mais tudo! Ainda temos muitos assuntos interessantes para conversar!

Ah, e não podemos nos esquecer dos nossos amigos João, Mariana e Renato. Ao longo de nossa trajetória pelos passos, eles estarão conosco. João, focado em desenvolver uma carreira na área de experiência do cliente, liderar uma equipe de atendimento e se envolver na criação de estratégias que melhorem a experiência dos clientes; Mariana, querendo consolidar o seu espaço como líder de CX, criando uma estratégia de relacionamento com o cliente que gere resultados financeiros e engaje as demais áreas nas ações; e Renato, visando trazer mais resultados para a empresa, elaborando estratégias com o seu time atual, sem investir em grandes consultorias externas. Vez ou outra, eles vão aparecer para nos ajudar a entender, com exemplos práticos, os passos do método.

Eu estou muito animado, como deve ter percebido. Já nos conhecemos um pouco, estamos há alguns capítulos juntos. Você sabe da minha paixão por CX e jornada do cliente, como respiro e vivo a área intensamente, e o quanto amo compartilhar as maravilhas do setor. É isso, aliás, o que faço, ao lado do meu sócio Bruno Gobbato, por meio da PeopleXperience e das aulas na certificação internacional CX Strategist – Creating Journey Centric Strategies, em parceria com a WCES.

É bom demais ver o quanto essas duas iniciativas têm auxiliado centenas de profissionais e empresas. Elas ajudam, cada uma a seu modo, as organizações a alcançar resultados superiores, ao gerenciarem e mapearem as jornadas do cliente e do colaborador. Além do valioso conhecimento e da praticidade proporcionados por ambas, essas iniciativas oferecem um excelente custo-benefício, são acessíveis de qualquer dispositivo e a qualquer momento. É um grande diferencial na carreira (e nas vendas) de qualquer profissional! Deixo aqui o meu convite para conhecê-las, no QR Code disponível no fim do capítulo.

Antes de avançarmos, tenho mais uma dica valiosa para você a seguir. E essa tem a ver com o seu chefe e seus colegas de trabalho.

ENVOLVA A ALTA GESTÃO E ENGAJE OS DEMAIS DEPARTAMENTOS

Sei que você está cheio de gás agora, pois compreendeu, por completo, todas as vantagens de se mapear jornadas do cliente. É o momento ideal, então, para lhe dizer como é importante o envolvimento da alta gestão da companhia no mapeamento das jornadas. Você vai precisar não apenas de energia, esforços e time, como também de uma dose de investimento. Mas isso, claro, depende do tamanho da sua empresa. Vimos neste capítulo um exemplo disso: o investimento do elemento surpresa de um hotel de luxo não passou de cinco dólares. Atitudes simples, mas bem pensadas e feitas sob o ponto de vista do cliente, fazem a diferença.

À parte da questão financeira, o apoio dos executivos C-level deve ser um objetivo seu. E talvez essa missão seja um desafio extra.

Quem sabe alguns diretores lhe perguntem: "Mas por que mapear a jornada do cliente, se mesmo sem ela as coisas acontecem? Inclusive, há certa melhoria na experiência do cliente de vez em quando?". E você deve estar preparado para convencê-los de que as melhorias experimentadas por conta de uma implementação de CX e de mapeamento de jornada no cliente trarão resultados financeiros que eles nunca viram antes. Já lhe apresentei vários números e informações que lhe serão úteis nesse caso. Reúna-os, organize-se e os apresente com confiança. Diante de fatos, não há argumentos!

Outra peça importante para a implementação de mapeamento de jornadas na sua empresa é ter o engajamento dos colegas dos demais setores. Você vai precisar deles. Não é apenas o Atendimento ao Cliente que tem um relacionamento com o consumidor – já vimos que é um setor importantíssimo, mas não é o único. Tudo influencia a experiência do cliente: o setor de Compras, o Financeiro, o de Logística etc.

Uma boa maneira de você engajar as pessoas que têm contato mais próximo com o cliente é realizar um workshop (claro, após conseguir o apoio da alta gestão), mostrando a esses profissionais o que é a persona e o que é a jornada e qual a importância de mapeá-las. De novo: todas as informações que temos visto até aqui podem ser utilizadas para esse fim. Aproveite todo o conhecimento que está à sua disposição!

Pense também que você vai precisar montar *squads* que colaborarão nesse processo, profissionais que estarão sob a sua liderança. Claro que cada companhia tem uma estrutura, talvez você seja um "cavaleiro solitário" aí na sua empresa, apostando em CX, mas, na medida do possível, tente montar um time com: gerente de projeto, consultores de design de experiências de personas e jornadas do cliente, especialista em métricas e suporte (de tecnologia e integração de sistemas). Reforço: é possível seguir em frente sem essa estrutura, eu mesmo já assumi projetos assim. Vai dar um pouco mais de trabalho, mas será recompensador!

Saiba que talvez, neste momento inicial, você encontre certa resistência. Como a história daquele pescador que trabalha arduamente para lançar a rede ao mar – faça sol ou faça chuva –, na busca paciente por um bom resultado. No começo, quando ele está preparando a rede, prestes a lançá-la, pede ajuda aos que estão por perto, mas ninguém se prontifica, seja por descrença no sucesso do pescador, seja por indiferença. No entanto, quando a rede é finalmente puxada de volta, revelando-se repleta de peixes, as mesmas pessoas que anteriormente se recusaram a auxiliar correm para participar do sucesso, esperando compartilhar dos frutos do trabalho do pescador.

Então, tenha paciência, trabalhe duro e seja consistente. A rede que você lançar ao mar voltará com os melhores e maiores peixes. Acredite em si mesmo, apresente números e informações consistentes e siga em frente! A sua recompensa virá em forma de satisfação para você e para os seus clientes, e lucro para a empresa.

Bem, dica dada. Agora, é hora de colocar a mão na massa! Que a nossa caminhada juntos continue sendo ascendente, rumo ao topo!

ACREDITE EM SI MESMO, APRESENTE NÚMEROS E INFORMAÇÕES CONSISTENTES E SIGA EM FRENTE! A SUA RECOMPENSA VIRÁ EM FORMA DE SATISFAÇÃO PARA VOCÊ E PARA OS SEUS CLIENTES, E LUCRO PARA A EMPRESA.

O CAMINHO DO CLIENTE
@RICPENA

04.
PASSO 1: CONHEÇA O CLIENTE E CRIE AS SUAS PERSONAS

"ENTÃO, CONHEÇA SEUS CLIENTES. HUMANIZE-OS. HUMANIZE-SE. VALE A PENA."

Kristin Smaby[55]

---

[55] SMABY, K. Being Human is Good Business. **A List Apart**, 6 set. 2011. Disponível em: https://alistapart.com/article/being-human-is-good-business/. Acesso em: 28 mar. 2024.

J á sabemos que a empresa deve focar o cliente, e todos os setores que a compõem devem ter esse mesmo objetivo. De nada adianta se, por exemplo, duas áreas atuarem de modo espetacular, e outras duas deixarem a desejar. A experiência ruim sempre nos marca mais.[56] Em razão disso, cada pessoa, ao executar sua tarefa, deve pensar como sua ação afetará o cliente, independentemente se o negócio é B2C ou B2B.

Se o foco é o consumidor, devemos conhecê-lo a fundo para lhe oferecermos a melhor experiência e, como consequência, veremos o impacto disso nos nossos números. Foi o que a Eurostar, operadora de trens de alta velocidade que liga Dover a Paris, Lille e Bruxelas, fez. Após um minucioso estudo sobre seus clientes, a empresa descobriu que os experientes em organizar viagens on-line tinham expectativas diferentes para o layout do site em comparação aos inexperientes. Desse modo, a corporação foi capaz de desenhar estratégias, visando melhorias para a experiência dessas pessoas. Resultado? Obteve um aumento de 24% nas vendas on-line.[57]

---

[56] E sabe por que isso acontece? Rick Hanson, especialista em neuropsicologia, explica que nossa memória tem uma tendência a focar mais em coisas ruins. Isso acontece porque, lá atrás, nossos antepassados precisavam aprender rapidamente para evitar perigos, como animais selvagens ou plantas venenosas. Se algo ruim acontecia, eles gravavam isso na mente para não repetir. Essa maneira de aprender foi passada ao longo dos anos e, ainda hoje, mesmo sem enfrentarmos os mesmos perigos, nossa mente continua dando mais importância a coisas negativas. Assim, tendemos a nos lembrar e dar mais atenção a experiências ruins do que a boas (HANSON, R. **O cérebro e a felicidade**: como treinar sua mente para atrair serenidade, amor e autoconfiança. São Paulo: Martins Fontes, 2015.)

[57] SPENCER, D. EurostarCard Sorting Case Study. **Rosenfeld**, 12 set. 2007. Disponível em: http://rosenfeldmedia.com/card-sorting/eurostar-card-sorting-case-stu/. Acesso em: 26 jan. 2024.

CONHECER O CLIENTE, CRIAR AS PERSONAS, É O PRIMEIRO PASSO PARA MAPEAR UMA JORNADA ICÔNICA PARA ELE.

Já vimos que CX tem a ver com manter um relacionamento próximo com o cliente. E a base de qualquer relacionamento é conhecer a outra pessoa. É bem provável que o seu cliente tenha pesquisado sobre a sua empresa antes de fechar com você. Deve ter visto se há reclamações sobre o seu produto/serviço, os comentários positivos de quem o aprovou etc. Então, por que você não faria o mesmo com ele? Fazendo exatamente o que a vovó do capítulo anterior faz com o netinho?

Conhecer o cliente, criar as personas, é o primeiro passo para mapear uma jornada icônica para ele.

SIM OU NÃO?

Há perguntas essenciais que devemos fazer sempre que iniciamos o processo de mapeamento. As respostas a elas são objetivas e fechadas: sim ou não, mas nos fornecem informações valiosas sobre em que "pé" estamos com relação a conhecermos o nosso cliente.

Nesse primeiro momento, é provável que responda à maioria delas com "não". Sem problemas... Nosso objetivo é buscar o "sim". Por isso, inclusive, que vamos voltar a essas perguntas e, se respondermos "sim" a todas, saberemos que estamos no caminho certo. Se, ainda assim, houver bastantes "nãos", não se preocupe: respiramos fundo e, como em um jogo de tabuleiro, voltamos algumas casas para descobrir em que momento tropeçamos, para, então, buscar o "sim".

Eu poderia citar uma dúzia de perguntas do tipo, mas vou focar nas quatro que considero mais reveladoras.

1. Sei os motivos e as necessidades que levam o meu cliente a me procurar?

É preciso saber exatamente por qual razão o cliente nos procura. Em geral, quando o negócio é mais recente, essa informação é mais fácil de guardar. Do contrário, trabalhamos no automático e nos esquecemos do que incomoda o cliente. Será que está buscando segurança? Economia? Qualidade?

2. Está claro por qual motivo os meus clientes deixam de comprar ou cancelam os contratos?
Noto que a maioria das organizações até tem uma noção do *churn* (o cancelamento do contrato), mas poucas buscam o motivo que levou o cliente a não fechar o negócio. O profissional lhe envia a proposta, mas o esquece. Um mês depois, o vendedor liga e, como resposta, escuta: "Fechamos com outra empresa". E finaliza: "OK, estou à disposição, caso necessite." O que aconteceu?

3. Consigo dizer facilmente três principais motivos que fizeram o meu cliente me procurar?
No máximo, e pensando bastante, as pessoas dizem dois. É bastante útil termos essa resposta na ponta da língua, porque pode ser utilizada em outras vendas e interações com o cliente.

4. Conheço detalhadamente as percepções do meu cliente sobre meus produtos e/ou serviços?
Trabalhar (e suprir) as expectativas do cliente é um desafio. Será que a minha entrega está alinhada às expectativas dele? Essa questão é uma das mais importantes, e para nos ajudar a responder a ela, entra em cena a escala Servqual.

MEDINDO A QUALIDADE DO SEU SERVIÇO
Desenvolvida pelos cientistas Parasuraman, Zeithaml e Berry em 1988, a escala Servqual é utilizada para avaliar *gaps* entre as expectativas e as percepções do cliente. Ao aplicar dois questionários compostos por até 22 perguntas, é possível identificar essas lacunas e analisar qual das cinco dimensões principais – tangibilidade,

confiabilidade, sensibilidade, segurança e empatia – impacta mais a perspectiva do cliente em relação ao serviço oferecido.[58]

Para que o uso da escala seja bem-sucedido, é preciso oferecer ao cliente total liberdade para expressar suas opiniões sem a necessidade de revelar sua identidade. Os principais assuntos abordados dizem respeito à satisfação com o atendimento prestado pelos colaboradores, ao conforto do cliente em relação ao ambiente, à adequação das medidas de segurança e ao comprometimento dos colaboradores com suas responsabilidades e promessas.

Trocando "em miúdos": escala Servqual nos ajuda a entender se, de fato, o serviço que estamos oferecendo ao cliente está de acordo com as expectativas dele.

Talvez você já saiba disso tudo e tenha acesso a esses dados (em geral, o setor de Gestão de Qualidade são os "guardiões" dessa metodologia) – se for esse o caso, maravilha! Basta "cair dentro" dessas informações e pesquisar bem sobre como o seu cliente percebe a sua entrega.

No entanto, se a sua empresa ainda não tem tais informações disponíveis, nem nunca aplicou a escala Servqual, recomendo que o faça. O investimento para a implementação da metodologia é acessível, e, além disso, há inúmeros modelos de questionário Servqual na internet e vídeos sobre o assunto. Meu objetivo não é ensinar como aplicar o Servqual, e sim lhe mostrar a importância dela para o processo de mapeamento de jornadas icônicas. Entender essas cinco dimensões da ferramenta é o primeiro passo para depois você se aprofundar no assunto.

1. **Tangibilidade:** é basicamente o "look" do serviço. Imagine entrar em uma loja onde tudo brilha, o uniforme dos funcionários mais alinhado que soldado em parada militar, e até o ar parece ter sido importado de uma floresta norueguesa. Isso tudo são os tangíveis: aquilo que você pode ver, tocar e sentir (sem ser estranho) e o faz pensar: *Uau, isto aqui é chique!*

---

[58] RAMOS, D. SERVQUAL: um método para avaliar a qualidade do serviço. **Blog da Qualidade**, 28 mar. 2017. Disponível em: https://blogdaqualidade.com.br/servqual-um-metodo-para-avaliar-a-qualidade-do-servico/. Acesso em: 15 mar. 2024.

2. **Confiabilidade:** é a promessa de que "o que foi dito será feito". Se o serviço promete entregar sua pizza em trinta minutos ou menos, ela deve chegar antes que você diga: "Estou com fome o suficiente para comer a caixa". Confiabilidade é como aquele amigo que, quando diz que vai estar lá, você sabe que pode contar com isso – e não aquele que sempre dá "bolo".
3. **Capacidade de resposta:** no mundo dos serviços, é a agilidade e a vontade de ajudar o cliente, mesmo que a pergunta dele seja: "Vocês fazem entrega para a Lua?". É quando se manda uma mensagem de texto, e a resposta vem mais rápido que um "ok" de adolescente.
4. **Segurança:** não estamos falando de trancar a porta à noite, e sim de ter a sensação de "estar em boas mãos". É quando o cliente pode confiar na empresa, tendo a certeza de que, por exemplo, jamais usarão o seu cartão de crédito para comprar um iate.
5. **Empatia:** é tratar cada cliente como se fosse o único, o especial, mesmo que seja o milésimo atendido no dia. É como aquele amigo que sempre se lembra do seu aniversário, sabe a sua preferência de café e até grava que você é alérgico a nozes.

Apenas conhecendo bem o seu cliente, você será capaz de criar personas e... "Opa! Peraí, Ricardo. Mas cliente e persona não são a mesma coisa?".

São... E não são. Confundi você? Resolvo isso já, já.

MAS O QUE É PERSONA?

Persona nada mais é do que uma representação ideal dos clientes de um negócio. Chegamos à figura da persona ao pesquisar o máximo de informações possível sobre os clientes. Nesse processo, são consideradas características pessoais, de sentimento e de comportamento, assim como dados sociodemográficos – como origem social e geográfica, faixa etária, grau de instrução, carreira profissional, nível de formação, entre outros.

Definir bem as personas – sim, há mais de uma, como veremos a seguir – do seu negócio é fundamental. A investidora Camila Farani fez um post no LinkedIn superinteressante, em que ela conceitua a persona como um documento consultivo para decisões importantes, inclusive discursos de venda.

"Ah, Ricardo, sei do que você *tá* falando. Já conheço o público-alvo da minha empresa." A questão é que persona não é público-alvo. As informações deste costumam ser mais básicas, não é o caso de personas. Nelas, entendemos, por exemplo, as características do nosso cliente: se ele é introvertido ou extrovertido, qual o tipo de dor dele, por que ele procura uma solução como a que a nossa empresa oferece etc.

Sei o que você está pensando: *Mas para que saber se o meu cliente é introvertido ou extrovertido?* Vou lhe contar o porquê.

Certa vez, estava fazendo uma consultoria para um cliente e percebemos que uma das personas que compra o produto dele é alguém extremamente extrovertido, que gosta de participar de eventos, de "aparecer", mas no bom sentido, de estar envolvido. Lembrei que essa empresa toda semana realizava um encontro com dez a vinte pessoas do mercado e, então, pensei: *Já que a persona gosta tanto de estar no* spot, *de estar em destaque, por que não convidar esses clientes para os eventos semanais?* Assim, começamos a convidar um ou dois clientes por vez para esses encontros, o que só aumentou a identificação deles com a marca.

Agora, pense comigo: se você sabe que a sua persona é introvertida e odeia participar de eventos, você vai convidar o seu cliente para algo do tipo? Claro que não, a não ser que você queira perder (e torturar) o cliente – o que, com certeza, não é o caso.

Sabe o Renato, o dono da padaria? Então, ele já entendeu o que é persona, assim como você. E ficou ligeiramente tenso ao perceber que, em uma rápida análise sobre seus clientes, já identificou quase dez personas. E agora? Vai precisar mapear todas elas? *Vou demorar uma vida! Não tenho esse tempo todo!*, é o que o empreendedor está pensando (e talvez você também). Calma, muita calma nessa hora.

É PRECISO SEGMENTAR

O ideal é começar devagar, com a metodologia que garantirá o seu sucesso. Então, vamos dar passos pequenos, mas firmes, que trarão excelentes resultados.

Primeiro, pense: quanto tempo, dinheiro e energia você quer investir no mapeamento da persona? Se a resposta for pouco, escolha uma ou duas personas apenas. Agora, se você está com recursos, tempo e energia e deseja buscar estratégias diferentes, mapeie mais personas.

Eu recomendo que não mapeie, em um primeiro momento, mais de seis personas. Mas como fazer essa segmentação? Você pode iniciar com aquelas informações sociodemográficas. Vamos imaginar que a minha empresa vende para Brasil e México. Assim, entendo que haverá, no mínimo, duas jornadas diferentes: a de quem utiliza meu produto no Brasil e a de quem o utiliza no México.

Outra dica é começar por aquelas personas que mais compram ou se relacionam com você. Isso tem a ver com *marketshare*. Vou exemplificar.

Há pouco tempo, participei de um projeto de mapeamento para uma linha do metrô de São Paulo. Bem, a cidade de São Paulo é gigantesca, teríamos oitenta ou mais personas, mas decidimos começar com quatro. Logo de cara, percebemos que aquela linha era usada por muitos universitários. Partimos daí.

Dividimos em dois grupos: aqueles universitários que estão trabalhando atualmente e os que não estão – já tínhamos duas personas. Incluímos também os colaboradores de universidades, as pessoas que utilizavam a linha metrô para chegarem ao trabalho na universidade. E o último grupo era o de funcionários dos comércios próximos da universidade que utilizavam a linha.

Observe que havia inúmeras outras possibilidades de segmentação. Mas escolhemos esses quatro perfis porque, ao mapeá-los, abrangeríamos cerca de 50% das pessoas que utilizam a linha.

"Mas, Ricardo, abri o meu negócio agora. Nem clientes tenho! Como vou mapear personas?". Por certo, você tem concorrência. Negócios no mesmo setor que o seu oferecendo produtos/serviços semelhantes ao que você oferece/vai oferecer. São com esses clientes que você vai trabalhar.

O importante é saber priorizar. Não estou falando para você descartar os demais perfis. Contudo, o fato é que se você trabalhar aquela parcela de clientes que mais utilizam o seu serviço, além de trazer mais receita para o negócio, impactará de modo positivo os demais clientes.

Renato já ficou mais aliviado ao entender isso, e agora já sabe onde focar. Primeiro, ele decidiu trabalhar na sua padaria mais antiga. E, nela, mapeará duas personas: a que representa os clientes que trabalham no entorno do seu estabelecimento e a que representa os clientes já aposentados, que também moram pela vizinhança. Renato conferiu que essas duas personas representam 70% do seu *marketshare*.

Percebe a importância dos dados ao longo desse processo? Afinal, Renato não tirou esse número "do nada". Nem você deve fazer isso. É imprescindível trabalhar com elementos concretos. Não é para inventar coisas da sua cabeça sobre o cliente! Tal postura torna o processo irrelevante e ineficiente.

O QUE GESTÃO DE PROJETOS TEM A VER COM CULINÁRIA GOURMET?

Bem, e agora? Você já entendeu que é preciso trabalhar com as expectativas do seu cliente, conhecendo-o bem; saber o que é persona e que o ideal é começar a mapear devagar, escolhendo de acordo com os objetivos do seu negócio. Nesse contexto, pesquisas sobre os clientes vêm ao seu encontro, para entender com precisão como eles são, interagem com o seu negócio e como percebem essas interações.

Elabore um plano de pesquisa para reunir os insights necessários para capturar com precisão a experiência de um grupo-chave de clientes. Nesse plano, inclua tanto as pesquisas quantitativas (como pesquisas ou análises da web) quanto qualitativas (como entrevistas ou etnografia) – em especial, estas. Use e abuse de estudos que foquem a compreensão de elementos subjetivos, como comportamentos, ideias e perspectivas. O propósito desse tipo de mensuração é obter uma compreensão mais aprofundada do tema investigado e entender as opiniões das pessoas a respeito do assunto.

Com isso, anulo a importância da pesquisa quantitativa? De modo algum. Você se lembra de que, no finalzinho do capítulo anterior, conversamos sobre como é importante o engajamento dos outros setores da empresa? Então, eles vão colaborar com o processo de identificação das personas do negócio. Como é necessário buscar informações reais e diversas, você precisará de dados oriundos do TI, do Comercial, do Financeiro, do Marketing, da Comunicação – em especial das áreas que estão mais próximas do cliente, e boa parte desses dados serão provenientes de pesquisas quantitativas.

Por exemplo, gosto muito de usar o Google Analytics – poderosa ferramenta gratuita – em um passo inicial. O Analytics vai além de métricas tradicionais, como visualizações de página, ao identificar dados como localização do visitante, idade, preferências, origem de acesso (por links, buscadores, AdSense ou diretamente), sistema operacional, navegador, versões, resolução de tela, presença de Java, reprodutor de flash, entre outros.[59] As possibilidades de cruzar essas informações e os insights que elas proporcionam são infinitas.

Certa vez, durante um processo de mapeamento de persona de uma empresa da área de educação, descobrimos pelo Google Analytics que a maioria das pessoas que procurava o curso tinha o perfil de gerente e gostava de falar sobre culinária gourmet. Diferente, não? E informação superútil. Agora, sempre que a empresa investe em posts patrocinados no Instagram, ela os direciona para pessoas que se interessam por gestão de projetos e por culinária

---

[59] COSTA, D. O que é Google Analytics? Guia explicativo sobre como usar essa ferramenta. **Rock Content**, 20 abr. 2021. Disponível em: https://rockcontent.com/br/blog/google-analytics/. Acesso em: 15 mar. 2024.

gourmet. Resultado? Tiveram um retorno enorme de matrículas em seus cursos.

Então, sim, tanto a abordagem quantitativa quanto a qualitativa são importantes. Uma análise minuciosa das duas lhe proporcionará uma compreensão mais completa das experiências dos seus clientes em cada ponto de contato.[60]

Ressalto, porém, a importância da qualitativa nessa etapa. Ela proporciona revelações valiosas e práticas, pois estimula os clientes a fornecerem feedback direto. Por outro lado, apresenta desafios, uma vez que não envolve a manipulação de dados numéricos, requerendo, assim, habilidade de interpretação das respostas dos clientes. Por exemplo, ao utilizar perguntas abertas em uma pesquisa, é necessário encontrar métodos eficazes para examinar os dados, como identificar temas ou buscar determinadas palavras a fim de identificar padrões.

E é por esse caminho que seguimos agora. Chegou o momento de bater um bom papo com o seu cliente!

COMO CONDUZIR ENTREVISTAS

Claro que também há método para isso. Ninguém vai a uma entrevista despreparado, certo? Todos procuram causar uma boa impressão. Esse mesmo objetivo você tem que ter quando for entrevistar o seu cliente. Primeiro, decida quantas entrevistas você fará. Sugiro, pelo menos, dez pessoas, caso não tenha segmentado, e entre seis e oito, caso tenha segmentado. Além disso, o ideal é que a entrevista seja realizada individualmente, seja ela on-line ou presencial, pois, desse modo, você consegue ter mais insights que o ajudarão na definição dessa persona.

---

[60] "Pontos de contato são os diferentes tipos de interação que os consumidores têm junto a sua marca durante toda a sua jornada de compra. Esses pontos de contato podem ocorrer de diferentes maneiras e, geralmente, são divididos em três tipos, sendo eles: estático, interativo e humano." (PONTOS de contato com o cliente: quais são e como otimizá-los? **Zendesk**, 22 ago. 2023. Disponível em: www.zendesk.com.br/blog/pontos-de-contato-com-o-cliente/. Acesso em: 15 mar. 2024.)

Saiba que conseguir pessoas para a entrevista não é das tarefas mais fáceis. Há resistência. Pensando nisso, é interessante que ofereça um incentivo aos seus clientes a fim de eles concordarem em ajudar você. E aí o investimento vai depender do seu orçamento. Algumas empresas dão uma mochila ou um vale-iFood. Se o cliente for B2B, com um perfil mais executivo, talvez um vale-jantar ou até mesmo uma Amazon Alexa sejam uma boa ideia.

Se já selecionou as pessoas que vai entrevistar, oficialize enviando um convite por e-mail com todas as informações necessárias e, uns quinze minutos antes da reunião, envie um lembrete por WhatsApp ou e-mail.

Durante a entrevista, mantenha seu foco 100% na conversa. Não se distraia: você está ali para ler o outro, não só para escutar as palavras, observar gestos, expressões. Desligue o celular e qualquer outro tipo de notificações de aparelhos eletrônicos.

Além disso, anote tudo – principalmente os desabafos do cliente. Essas ações espontâneas são revelações ricas. Claro que, se for possível, grave. Mas lembre-se de manter o cliente ciente disso e verifique com o Jurídico as condições que devem ser atendidas nesse caso.

Ah, seja pontual! Isso conta muito. Demonstre respeito com o tempo do seu cliente. Ele se programou para estar ali. Esteja certo: você não é a prioridade desse cliente. Por isso, eu disse: prepare-se! Imprevistos acontecem, e, se for esse o caso, avise, o quanto antes, se for preciso remarcar ou mesmo desmarcar a entrevista. "Ok, Ricardo, mas e o conteúdo dessa entrevista? Não faço ideia do que perguntar para o meu cliente!"

O QUE PERGUNTAR?

Há uma série de perguntas que você pode fazer. Citarei algumas que lhe servirão de inspiração para adaptar de acordo com a sua necessidade. Eu as separo em seis grandes blocos:

O primeiro é de informações básicas. Essas já estão disponíveis no CRM (*Customer Relationship Management* ou Gestão do Relacionamento com o Cliente, em português), como nome, localidade, renda etc. Enquanto recorre a essa fonte, peça ao cliente que conte, se não se importar, um pouco sobre ele.

O segundo é de perguntas interessantes. Tem a ver com como o cliente enxerga a sua empresa e o quanto é importante para ele. Como ele conheceu o seu negócio? Como seria a vida dele se a sua empresa não existisse? Seu negócio faria falta para ele? Se a resposta for negativa, já acenderá uma luzinha vermelha na sua mente: *Opa! Então, eu não estou diferenciando o meu negócio.*

O terceiro é de perguntas relacionadas às dores, às necessidades do cliente: Por que ele o procura? O que você resolve? O que ele espera que você resolva?

O quarto é das características pessoais. Tem a ver com entrar um pouco na "mente" do cliente. Será que ele é introvertido? É proativo? Como se diverte?

O penúltimo grupo é composto de questões sobre as motivações do seu cliente. O que faz os olhos dele brilhar? Como ele enxerga a evolução da própria carreira?

E, por fim, vêm as perguntas sobre formas de relacionamento. Como aquele cliente gosta de se relacionar com você? Ele é mais digital ou mais tradicional? Prefere um acompanhamento mais de perto ou distante?

Deixei um questionário com vários exemplos de perguntas no QR Code a seguir. Tenho certeza de que será uma ferramenta que o ajudará bastante em suas entrevistas.

Se tiver seguido tudo o que já conversamos, você estará cheio de informações sobre os seus clientes. Chegou o momento, então, de organizar isso tudo: mapear a persona!

https://bit.ly/materialjornada1

DANDO VIDA À PERSONA

Renato está animado. Ele conversou com seus clientes e tem todas as informações anotadas. Agora, ele e o *squad* que montou para ajudá-lo no mapeamento de jornadas se reuniram para desenhar as duas personas. Para isso, vão utilizar o software da PeopleXperience, que, de modo gratuito, disponibiliza uma plataforma onde você pode organizar os dados das suas personas e, ainda, criar suas jornadas.

Para tanto, basta fazer o seu cadastro (ver QRCode) e começar já!

O template a ser preenchido, assim que você o abre, é o seguinte:

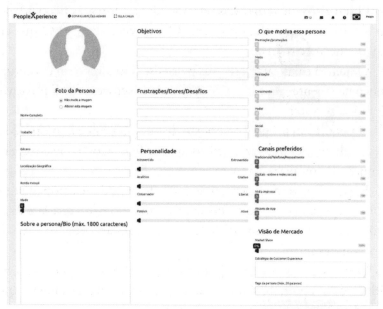

Perceba o quanto é rico de informações! Você pode até colocar uma foto guia da sua persona, o que é superinteressante, pois ajuda a trazer para o "real" esse perfil. Confere rosto e materialidade à sua persona.

Há espaço para inserir todas as respostas das perguntas que você fez aos seus clientes, e mais: é possível personalizar. Inserir cam-

peoplexperience.app

pos extras, excluir os não utilizados. Você pode adequar tudo de acordo com a sua necessidade.

Como a plataforma é bastante intuitiva, você não terá grandes dificuldades em usá-la e, assim, em pouco tempo e de modo organizado, terá desenhado a sua persona.

Você pode fazer de outro jeito? Claro. Mas se há uma plataforma que disponibiliza isso sem custo e, ainda, é fácil de ser usada, gerando um relatório organizado, por que não a aproveitar?

Ao final, depois de preencher as informações, a sua persona terá mais ou menos esta aparência:

Uau! Renato está olhando atônito para a imagem que tem diante de si, da sua primeira persona desenhada. Cheio de orgulho. E eu também estou orgulhoso de você, pois, com certeza, montou a sua persona.

Mas o trabalho não para por aí! Ainda temos que validá-la. "Ah, como assim, Ricardo?"

Vou responder à sua pergunta no próximo capítulo, no segundo passo do método!

É PRECISO TRABALHAR COM AS EXPECTATIVAS DO SEU CLIENTE, CONHECENDO-O BEM; SABER O QUE É PERSONA E QUE O IDEAL É COMEÇAR A MAPEAR DEVAGAR, ESCOLHENDO DE ACORDO COM OS OBJETIVOS DO SEU NEGÓCIO.

O CAMINHO DO CLIENTE
@RICPENA

05.
PASSO 2: ENTENDA O CAMINHO DO CLIENTE, INCLUSIVE ANTES DE ELE SE TORNAR CLIENTE

> "FAÇA DO CLIENTE O HERÓI DA SUA HISTÓRIA."
> Ann Handley[61]

---

[61] HANDLEY, A. Make Your Customer the Hero of Your Story: 'The Fault in Our Stars' Video. **Ann Handley**. Disponível em: https://annhandley.com/make-your-customer-the-hero-of-your-story/. Acesso em: 28 mar. 2024.

Mariana está ansiosa. **Daqui a algumas horas, ela entrará em reunião com o** *squad* **que está participando do mapeamento da jornada do cliente.** A princípio, parece que eles já terminaram de mapear a persona que haviam pensado. Trata-se de dois grupos de clientes PJ, cujo potencial de compra não é estratosférico, mas que juntos formam uma parcela expressiva o suficiente (30%) para terem a sua jornada levada ao nível de excelência.

Essa ansiedade de Mariana é a do tipo boa. De expectativa pelo que vem pela frente. Ela já passou por fases importantes, apresentando o projeto de CX para os diretores e tendo o aval deles (mesmo com um pouco de desconfiança) para seguir em frente, e, depois, preparando workshops para engajar os demais setores e a sua própria equipe que se mostrava desestimulada.

O primeiro passo foi superimportante para Mariana perceber o quanto precisavam conhecer mais a fundo as personas que se comprometeram a mapear: uma localizada na grande São Paulo, e a outra, no interior de SP, as quais nomearam Eduardo e Mônica, respectivamente. A equipe, que está com gás renovado após ver o setor voltando aos trilhos, abraçou de coração a empreitada e se dedicou a buscar informações sobre os clientes e conduzir as entrevistas. Quando estavam de posse de todos esses dados, os envolvidos se reuniram e montaram as personas utilizando a plataforma da PeopleXperience.

E, agora, Mariana está organizando sua mente e analisando alguns detalhes fundamentais para a reunião que terão para validar as personas. Ela está se perguntando: *Será que eu sei mesmo tudo o que preciso sobre o meu cliente?* E é essa pergunta que você tem que fazer neste segundo passo.

CHECKLIST DE VALIDAÇÃO DE PERSONA

Todas as vezes após mapear uma persona, eu me faço a mesma pergunta que Mariana está se fazendo. E isso é algo não só natural, mas também essencial. Não existe jornada icônica sem personas bem mapeadas. Se não for assim, há o risco de você chegar ao meio do mapeamento da jornada e perceber que algo não está fluindo, e, ao investigar o motivo, notará que estão faltando informações importantes sobre o cliente. E então um tempo precioso (sem contar investimento) escoa ralo abaixo.

Agora é momento ideal, então, de encarar a seguinte pergunta: "Será que fiz certo?", a fim de se certificar de que o perfil de cliente desenhado é uma persona válida, que pode ser utilizada.

Lembra-se das perguntas fechadas que eu citei no capítulo anterior? Àquelas que eu disse que seria normal ter vários "nãos" como resposta? Chegou o momento de voltarmos a elas. Se para as mesmas perguntas você ainda responder com vários "nãos", precisará, como em um jogo de tabuleiro, voltar uma casa. Ou seja, conversar de novo com o seu cliente, buscar os dados faltantes até encontrar os "sins" de que precisa.

Quando isso acontecer, maravilha! É o momento de continuar e validar de vez a persona. Para isso, reúna a sua equipe, incluindo-a no processo. Além de ser parte dele, ela vai se engajar ainda mais ao ver na prática o resultado do trabalho de todos!

PESSOA REAL

A primeira questão a ser analisada é se a persona desenhada lembra uma pessoa real. Não se esqueça de que dar um nome próprio a ela e adicionar uma foto ao perfil ajuda bastante. É comum durante consultorias o Marketing da empresa apresentar uma persona, segundo eles, definida, e, quando vou olhá-la, não se parece com uma pessoa de verdade. Tem até algumas características que fogem ao público-alvo e entram em persona, mas não tem o visual de uma pessoa de fato.

CLIENTES GERAM NÚMEROS, MAS NÃO SÃO NÚMEROS. ELES TÊM UMA FACE, UM CORPO, UMA IDENTIDADE, UMA PERSONALIDADE. E TUDO ISSO DEVE ESTAR EXPRESSO NA PERSONA.

O CAMINHO DO CLIENTE
@RICPENA

"Ah, Ricardo, eu até coloquei uma foto na persona, como você explicou no passo anterior, mas, sinceramente, achei um pouco demais…" Não é, e vou explicar o motivo. Imagine se, quando chegar o momento de compartilhar com a empresa toda, você descobrir que não está claro para as pessoas quem é aquela persona?

Os colaboradores, os diretores, os colegas dos demais setores precisam identificar aquela persona, ser alguém real para eles. Quando isso acontece, paramos de ver números e vemos seres humanos – não por trás dos números, mas pegando a dianteira. Clientes geram números, mas não são números. Eles têm uma face, um corpo, uma identidade, uma personalidade. E tudo isso deve estar expresso na persona.

Além disso, quando a persona parece uma pessoa de verdade se torna muito mais fácil se lembrar de que ela, de fato, foi mapeada.

Então, se todos concordarem que a persona parece uma pessoa de verdade, dê o primeiro ok no seu checklist e passe para a próxima validação.

UMA BOA HISTÓRIA

Pergunte para o time: a narrativa dessa persona é convincente? A história que você está compartilhando ajuda a entender quem, realmente, essa persona é? Você entrevistou os seus clientes na etapa anterior, pedindo-lhes que contassem seus hobbies e falassem um pouco da vida deles. Essas informações são importantes, e é agora que você vai verificar se as usou bem.

Pense em uma persona com uma história mais ou menos assim: Joana é uma mulher batalhadora, vinda do Norte do país para o Sudeste, a fim de "fazer" a vida. Teve um início difícil em um estado sem parentes por perto ou amigos para auxiliá-la, mas hoje tem um emprego fixo cujo salário lhe permite cuidar de seus três filhos. Por criar os filhos sozinha, ela passa, claro, por privações financeiras. A casa é pequena para quatro pessoas, mas organizada, com móveis e eletrodomésticos que lhes dão o mínimo de conforto. Ela fez amigos na vizinhança, e juntos formam uma comunidade de afeto e ajuda mútua. No fim de semana, muitas vezes, eles se reúnem em churrascos que acontecem na calçada da rua; quando não há esse encontro, ela leva as crianças ao parque, e tomam sorvete. Joana hoje pode dizer que é feliz.

Tenho certeza de que ao ler a história de Joana, uma cena já foi se formando em sua mente, com os eventos narrados e a imagem da persona. Você já começa a ter ideias para melhorar a vida dela. Quem de fato é Joana? O que eu posso fazer para ajudá-la? Quais são as dores dela?

Percebe como ter uma história convincente no desenho da sua persona é importante? Junto com a validação anterior, formam um combo poderoso! Então, se você já tiver uma história parecida com essa que acabei de contar, dê mais um check!

Se não for o caso, tudo bem. Apenas volte e prepare uma história mais real, que diga de fato quem é a sua persona. Feito isso, sigamos!

DETALHES RELEVANTES

Pense nos atributos, nas informações que lhe oferecem detalhes relevantes da persona. Isto é, nas características pessoais, nas dores, nos desafios que ela enfrenta. O que a persona está buscando? O que a motiva? Essas informações facilitam a compreensão da persona.

Nesse momento, é legal instigar a participação das pessoas. Sei que, às vezes, quando estamos liderando o mapeamento, ficamos empolgados e queremos mostrar logo tudo o que conseguimos reunir de informações, mas o interessante também é pedir a colaboração da equipe. Se a persona estiver bem delimitada, eles vão começar a falar os atributos delas. Isso acontecendo, já sabe: mais um check!

PRIMEIRAS DECISÕES

A próxima etapa da validação tem a ver com a seguinte questão: Consigo tomar decisões com base nesse perfil de persona? Ela já me apresenta insights para pensar em soluções? Em produtos? Em serviços? Preciso que essa persona já me faça ter algumas ideias.

"Mas, Ricardo, não tenho ainda um mapeamento de jornada, por que pensar nisso agora?". Bem, o mapeamento da jornada nada mais é do que uma representação de cada um dos passos que essa persona toma quando interage com a sua empresa e, se eu ainda não tenho insights a essa altura do processo, é porque não consegui entender de fato quais são as expectativas da persona. Vou precisar pesquisar mais um pouquinho. No entanto, se eu tiver informações suficientes para tomar as primeiras decisões, aquelas mais simples, passamos para a próxima validação.

QUEM É O CLIENTE?

É possível utilizar essa persona? Se eu pegar esse desenho que você fez da persona, transformar em um PDF ou um slide e compartilhar com outras pessoas da empresa, todos entenderão? Vai ficar claro para os colaboradores quem, de fato, é o cliente? Se a resposta for não, aí é melhor pensarmos em outra maneira de ajudar as pessoas a compreender a persona.

Certa vez, elaboramos para um cliente um vídeo para apresentar a persona, e deu muito certo. Todos entenderam claramente quem era aquele cliente, suas dores, como usar aquele desenho para mapear a jornada dele.

Muitas empresas apresentam a persona por meio de uma história em quadrinhos, contando um pouco da pessoa. Que ótima ideia, não? Além de ajudar na compreensão da persona, torna-se algo memorável, de que as pessoas vão se lembrar no dia a dia!

ENTREGA PROFISSIONAL

A entrega deve ser profissional, com material de fácil compreensão. "Ah, mas isso é o básico, né, Ricardo?" É, eu sei, é mesmo, mas o que já vi de apresentação de personas com erros bobos não é brincadeira... E isso causa uma péssima impressão de desleixo e amadorismo.

Então, preste atenção. O diabo está nos detalhes, como dizem por aí. Confira o português da sua apresentação, verifique a ortografia, se há erros de digitação. Atente-se também à disposição das informações. Está legível, de fácil entendimento? Apresentei com clareza o que se sabe sobre a persona e o que me dá subsídios a fim de seguir em frente no mapeamento da jornada?

Se as respostas para essas perguntas foram sim, ótimo! A sua persona está validada! Parabenize a sua equipe, vocês construíram isso juntos!

CALÇANDO AS SANDÁLIAS DO CLIENTE

Agora que você já conhece as personas, precisa descobrir qual caminho elas percorrem até chegar à sua empresa. Uma das maneiras de fazer isso é você mesmo ser o cliente. Compre o produto, use o produto, abra um chamado de suporte. Busque saber como os seus processos estão impactando o cliente. Pergunte a si mesmo se nos seus processos você está levando em consideração o cliente, ou apenas a si mesmo.

Já trabalhei em uma empresa que entregava propostas em dois dias, o que era um superdiferencial no mercado, pois os concorrentes as entregavam num prazo de duas a três semanas. Mas o que aconteceu com a empresa em que eu trabalhava? Em determinado momento, ela criou uma série de processos que passaram a atrasar o envio da proposta. Esta, então, passou a sair em dois meses. As áreas estavam tranquilas porque estavam cumprindo seu SLA – *Service Level Agreement*, que significa Acordo de Nível de Serviço (ANS) –, mas, para o cliente, estava um terror. Quem quer esperar dois meses por um envio de proposta?

O cliente, na verdade, sequer enxerga processos. Para ele, é algo muito mais simples. Não está preocupado com os detalhes internos dos processos, e sim com os resultados tangíveis que esses processos proporcionam. O foco dele está no serviço/produto que a empresa oferece, e como esses elementos atendem às suas necessidades ou solucionam suas dores.

A experiência do cliente, do ponto de vista dele, é moldada pela interação direta com o produto ou serviço, não necessariamente pelos processos internos da empresa. O cliente avalia a facilidade de uso, a conveniência e a satisfação geral. E entender que ele está mais interessado nos resultados do que nos processos internos implica que as empresas devem alinhar os processos internos para atender às expectativas do cliente, fortalecendo a lealdade dele e conquistando sua confiança.

É por isso que repito: não tente adivinhar o pensamento do cliente! Muitos profissionais afirmam saber tudo sobre o cliente, mas tomam decisões de acordo com a cabeça deles mesmos. Chegam a comentar: "Ah, eu não gostaria disso…". Não, não. Não tem nada a ver com você, e sim com o cliente. É tudo ele. É aceitação. Não estamos aqui tentando mudar ninguém, e sim compreender.

E a melhor maneira de se ter a percepção correta de como é a experiência do nosso cliente ao procurar nossa empresa é entrar em contato, fazer um pedido, aguardar a chegada, usar o produto… Enfim, o caminho que o nosso cliente faz e que a empresa pode tornar uma boa experiência. Isto é: calçar as sandálias dele.

CLIENTE OCULTO

Uma das maneiras de se colocar no lugar do cliente é o Cliente Oculto, uma ferramenta de pesquisa que surgiu nos Estados Unidos na década de 1940 e, desde então, vem sendo aperfeiçoada, tornando-se uma das práticas mais confiáveis de avaliação. Em geral, as empresas contratam uma consultoria desse serviço a fim de simular os passos de quem se relaciona com a sua marca.

Com o Cliente Oculto, a ideia é avaliar como a empresa atende seus clientes na prática. Alguém "se disfarça" e vive a experiência real da empresa, na loja, por telefone, pelo site ou por outros meios. Levando em consideração que os pontos de interação do cliente com a marca se tornaram mais diversos, cada contato, sensação, impressão e ação do cliente têm um grande significado para a continuidade ou o rompimento do relacionamento com a empresa.

A avaliação detalhada feita pelo Cliente Oculto na experiência de compra ajuda a descobrir se existe um padrão consistente em todas as lojas ou pontos de contato, se o atendimento é simpático e cordial, qual o tempo de espera dele, se os padrões de qualidade são seguidos, e se o ambiente é agradável, limpo e organizado e tem boa apresentação. Assim, o Cliente Oculto permite identificar pontos a serem melhorados na jornada do cliente, para que a empresa ofereça cada vez mais qualidade em seus processos e gere clientes cada vez mais satisfeitos, fortalecendo a imagem da marca, aumentando a base de clientes e alavancando os resultados em receita.

"Mas, Ricardo, quem são essas pessoas que se fazem de cliente oculto?" São clientes comuns cadastrados nos bancos de dados da empresa, escolhidos a partir dos mais diversos perfis, com idade, profissão e origem das mais variadas. No entanto, para que os resultados atinjam o objetivo, é primordial que essas pessoas passem por um processo de seleção, treinamento e qualificação, além de uma preparação para realizar avaliações precisas e ricas em detalhes sobre sua experiência.

Para isso, elas também recebem um formulário e um roteiro com os pontos a serem avaliados. As avaliações normalmente são personalizadas de acordo com os interesses da empresa que usa a ferramenta e pode incluir, por exemplo, registros em foto, áudio ou vídeo, caso seja requisitado.

Vale destacar ainda que a metodologia do Cliente Oculto oferece vantagens para a Pesquisa de Satisfação (utilizada por diversas empresas, sobretudo do varejo, para mensurar determinados pontos de seu atendimento). Na verdade, elas se complementam. É o que veremos a seguir.

PESQUISAS DE SATISFAÇÃO

Desde o início, temos falado da importância dos dados, de se utilizar métricas confiáveis de modo estratégico. Como já disse, não estamos fazendo literatura quando o assunto é mapear persona e a jornada do cliente. Informação nunca é demais, mas é necessário ter um foco.

No início, como comentei, sempre há dados já disponíveis (aqueles que vamos buscar em times dos outros setores). Essas informações costumam lançar uma luz em nosso caminho ainda meio nebuloso rumo a descobrir as nossas personas. Mas agora que já a validamos e estamos tentando entender o caminho que ela faz (e o Cliente Oculto nos ajudou demais nisso), é hora de olharmos com atenção para as pesquisas CSAT (*Customer Satisfaction Score*, em português Pontuação de Satisfação do Cliente), NPS (*Net Promoter Score*) e CES (*Customer Effort Score*, em português Índice de Esforço do Cliente), e analisar o quanto são importantes.

Antes, porém, vamos entender para que cada uma serve.

CSAT

Sabe quando você recebe aquele e-mail de uma empresa com a qual você acabou de interagir, pedindo que participe de uma pesquisa rápida, classificando seu nível de satisfação de 1 a 5, geralmente? Prazer, é a CSAT, uma maneira simples para as organizações descobrirem se os clientes estão satisfeitos com os produtos/serviços oferecidos por elas.

Essa pesquisa é útil porque fornece feedback rápido e ajuda a medir a satisfação do cliente ao longo de toda a jornada dele, desde pré-venda até pós-venda, permitindo que as empresas identifiquem pontos de melhoria. Além disso, a pesquisa CSAT pode ser usada com outras métricas para se ter uma visão mais completa da satisfação do cliente. Ao entender as respostas dos clientes, as empresas conseguem ajustar suas práticas e proporcionar uma experiência mais positiva.

NPS

Você já deve ter respondido alguma vez à pergunta: "Em uma escala de 0 a 10, qual a probabilidade de você recomendar nossa empresa/produto/serviço a um amigo ou colega?". Você estava participando de uma pesquisa NPS, usada para medir o grau de satisfação e, principalmente, a fidelidade dos clientes à marca, o quanto estão dispostos a recomendar os produtos/serviços para outras pessoas.

Com base nas respostas, os clientes são categorizados em três grupos:
- Promotores (nota 9-10): clientes extremamente satisfeitos que são propensos a recomendar ativamente a empresa.
- Neutros (nota 7-8): clientes satisfeitos, mas sem uma forte inclinação para recomendar. Eles geralmente estão satisfeitos, mas podem ser influenciados por fatores externos.
- Detratores (nota 0-6): clientes insatisfeitos ou pouco satisfeitos que podem não apenas evitar recomendar, mas também compartilhar experiências negativas.

CES

O CES é uma métrica utilizada para avaliar o nível de esforço que os clientes precisam ter para realizar determinada tarefa ou interação com uma empresa. A ideia central é mensurar a facilidade ou dificuldade que os clientes enfrentam ao buscar soluções ou realizar transações.

Lembra-se do exemplo que dei sobre a compra de uma mochila customizável para a minha filha? Então, a empresa poderia ter me enviado a seguinte pergunta ao finalizar o processo: "Em uma escala de 1 a 7, quanto você concorda que foi fácil encontrar e comprar o produto desejado em nosso site?". Dependendo da minha resposta, a classificação seria:
- Notas 5-7 (baixo esforço): a maioria dos clientes considerou fácil navegar e comprar.
- Nota 4 (esforço moderado): alguns clientes enfrentaram desafios moderados durante o processo de compra.
- Notas 1-3 (alto esforço): clientes relataram dificuldades significativas na busca e compra de produtos.

PESQUISAS DE SATISFAÇÃO E CLIENTE OCULTO DE BRAÇOS DADOS

Quando unimos os resultados provenientes dos indicadores de satisfação do cliente e da ferramenta Cliente Oculto, conseguimos informações muito mais claras e efetivas sobre o caminho do nosso cliente na empresa. Perceba como se complementam.

Isoladamente, os dados fornecidos por pesquisas de satisfação dependem de contexto. Já o Cliente Oculto oferece informações complementares e novos insights, fatores indispensáveis na etapa de análise, cruzamento e tratamento dos dados.

Ferramentas de avaliação passam por uma jornada de coleta, análise de dados, para, finalmente, partirem para a implementação de ações. O Cliente Oculto, por atuar no foco dos pontos de interação, permite uma jornada muito mais ágil. Ou seja, um projeto de Cliente Oculto proporciona que a pesquisa de satisfação cause impacto com maior rapidez.

Essa união traz melhor tratamento dos dados, otimização no atendimento, maior perspectiva e melhor experiência para o cliente. Só temos a ganhar!

Mariana e sua equipe, por exemplo, após terem validado o Eduardo e a Mônica (as personas, lembra?), entraram de cabeça no processo de descobrir o caminho que esses clientes fazem e, inclusive, colocaram em prática o Cliente Oculto – porque, sim, não é uma metodologia exclusiva de empresas B2C.

Como resultado, perceberam em que poderiam melhorar. Constataram que ambas as personas enfrentavam dificuldades distintas ao longo da trajetória deles. Enquanto Eduardo lidava com certa falta de clareza nas informações de entrega, o que pode gerar incertezas em relação aos prazos, Mônica enfrentava um processo de atendimento lento, precisava de mais agilidade e eficiência.

O time já está em polvorosa, pensando em diversas soluções para essas questões, e Mariana está orgulhosa, não apenas de si mesma, mas também da equipe, que está animada como nunca. A líder de CX não vê a hora de começarem a mapear a jornada do cliente! No entanto, ela acabou de perceber que ainda há mais algumas questões a serem analisadas… Ela se deu conta de que uma informação muito relevante passou despercebida: não é o Eduardo nem a Mônica que assinam o cheque.

CADA UM NO SEU BLOCO

O ciclo de vida do cliente abrange três fases essenciais para o sucesso de qualquer negócio: pré-venda, venda e vida do cliente (ou pós-venda). Vamos conhecer cada uma delas:
1. **Pré-venda:** nessa fase, as estratégias de marketing e o relacionamento inicial com o cliente desempenham papel crucial. Esse período tem como objetivo reconhecer os futuros clientes da sua empresa. Assim, é necessário ter clareza sobre a identidade dessas pessoas, uma vez que uma abordagem direcionada oferece vantagens significativas a um custo mais acessível. Essa fase envolve a criação de conscientização, a geração de leads (potenciais clientes) e a construção de um interesse sólido nos produtos ou serviços.
2. **Venda:** nesse momento, a ênfase está na transformação de leads em clientes. O processo de venda deve ser orientado para atender às necessidades do cliente, criando valor e estabelecendo confiança; e, em geral, é dividido em várias fases, para melhor compreensão e gestão. As fases podem variar ligeiramente, dependendo da fonte ou metodologia utilizada, mas, em geral, incluem: prospecção, qualificação, abordagem, apresentação, proposta, negociação, fechamento e entrega.
3. **Vida do cliente (pós-venda):** nessa fase, é crucial manter a lealdade do cliente e garantir uma experiência positiva contínua. Estratégias eficazes de pós-venda incluem a resolução rápida de problemas, o fornecimento de suporte contínuo e a busca proativa de feedback do cliente para aprimorar os produtos ou serviços oferecidos.

"Mas, Ricardo, por que você está trazendo isso agora?"
É que essas fases nos trarão ricos insights sobre a decisão de quais personas mapear a jornada. Mariana e seu grupo de trabalho fizeram um ótimo serviço mapeando as personas do Eduardo e da Mônica,

mas não se atentaram para o fato de que não são elas quem realizam os pagamentos; estes ficam a cargo do financeiro.

Mariana, como está consciente do processo e firme em seus passos, não se abalou. Tem ciência de que vão precisar voltar algumas casas e trabalhar com isso em mente, mapeando essa persona que surgiu na etapa de vendas. E vida que segue.

Por esse motivo, é importante uma última verificação antes de começarmos a mapear a jornada do cliente: reunir todas as personas criadas e distribuí-las nestes três grandes blocos: pré-venda, venda e vida do cliente, para que todos tenham uma visão clara sobre se estão contemplando o processo de modo correto, partindo da visão do cliente.

Imagine que vamos começar com apenas uma persona, e ela participa da pré-venda, da venda e da vida de cliente. Isso costuma ser comum em B2C, em que a mesma persona participa de todas as fases. O que vai mudar são as características das personas, mas as jornadas às vezes acabam sendo as mesmas.

No B2B, porém, costuma ser diferente. Certa vez, eu e o pessoal da PeopleXperience atendemos uma empresa do segmento automotivo, e, ao longo do processo, vimos que precisaríamos mapear seis personas. Começamos a pensar pela pré-venda, e vimos que o diretor e o gerente estavam envolvidos. Quando fomos para o processo de venda, além desses dois, havia o supervisor, e, na vida de cliente, a persona do vendedor, do proprietário da concessionária e do assistente dele. Perceba quantos perfis foi preciso mapear para dar conta do processo!

Desenhar essa etapa com a equipe é muito importante, e, com cada persona no seu devido bloco, a visualização da jornada do cliente ficará muito mais clara. Você vai ver que, durante todo o processo de mapeamento da jornada, vamos voltar a esses blocos e ser lembrados que devemos pensar tendo em vista as necessidades daquelas personas, e não as nossas.

"Opa, Ricardo! Jornada do cliente? Significa que já estamos nela?" Na verdade, estamos a uma página de começar a mapeá-la. Vamos para o próximo capítulo?

BUSQUE SABER COMO OS SEUS PROCESSOS ESTÃO IMPACTANDO O CLIENTE. PERGUNTE A SI MESMO SE NOS SEUS PROCESSOS VOCÊ ESTÁ LEVANDO EM CONSIDERAÇÃO O CLIENTE, OU APENAS A SI MESMO.

O CAMINHO DO CLIENTE
@RICPENA

06.

PASSO 3: MAPEIE A JORNADA E DESCUBRA TUDO O QUE O CLIENTE SENTE, PENSA E FAZ

"A PERCEPÇÃO DO CLIENTE
É A SUA REALIDADE."
Kate Zabriskie[62]

---

[62] CUSTOMER Experience Quotes. **Blake Morgan**. Disponível em: www.blake-michellemorgan.com/customer-experience/101-of-the-best-customer-experience-quotes/. Acesso em: 15 mar. 2024.

Chegou o grande momento! Vamos começar a mapear a jornada atual do cliente, colocar em prática o que aprendemos sobre ele nos capítulos anteriores, e assim criar experiências maravilhosas para os nossos consumidores. Afinal, para compreendermos bem o nosso destino, devemos, primeiro, entender onde estamos! Nesse sentido, criar a jornada atual é necessário para visualizarmos a jornada futura.

Aposto que você está animado, e fico feliz por isso. Já parou para pensar em todo o conteúdo que vimos até aqui? Primeiro, foi a necessidade de mapear a jornada do cliente, de modo a oferecer experiências icônicas a ele e trazer resultados expressivos para a empresa e nossa carreira. Então, montamos uma equipe para caminhar conosco, buscamos apoio dos diretores e demais setores da empresa, colhemos dados sobre o nosso cliente, fomos em busca de métricas, números e todo tipo de informações sobre ele. Depois, o entrevistamos, montamos as personas, e, por fim, nós as encaixamos nos blocos de pré-venda, venda e vida de cliente. Maravilha, não? Vai dizer que não fica orgulhoso só de ver o quanto caminhou até aqui?!

Sabe quem também está animado? O João, aquele nosso amigo que trabalha no call center e se apaixonou por experiência do cliente. Aliás, naquele dia em que quase chegou atrasado ao trabalho, ele estava voltando de um curso de CX no qual havia se matriculado. Desde então, o rapaz tem estudado a fundo sobre criar experiências incríveis para o cliente. A cabeça dele está fervilhando de ideias, pensando em tudo o que pode implementar em seu setor.

João ainda não comentou com ninguém o que tem estudado. Sente-se um cavaleiro solitário. Ele está esperando ganhar mais segurança com relação às próprias ideias e como embasá-las, para conversar com o seu gerente – sim, é ainda o mesmo, aquele que o sobrecarrega de tarefas. O rapaz acredita que tudo é uma questão de conversar. E errado ele não está; contra fatos não há argumentos, e é disto que está se munindo: mudanças tangíveis e financeiramente viáveis que trarão benefícios a todos (cliente, empresa e colaboradores).

Como exercício, João mapeou duas personas a princípio (ele está levando a sério o conselho de ir devagar, mas de modo consistente): uma de marketing ativo e outra de receptivo, ambas do setor de pré-venda, pois é onde ele percebeu em seu dia a dia que há a maior demanda de mudanças. E, agora, vai começar a mapear a jornada dessas personas. A aula de hoje do curso que está fazendo foi sobre isso, inclusive, mas ele continua um pouco confuso. *Já vi tanta coisa, e parece que há tantos detalhes para se ver ainda!*, é o que tem pensado.

Sim, há muitos detalhes, mas, depois que você "pega" a metodologia, começa a ganhar um pouco mais de tração, e o processo deslancha!

QUANTAS E QUAIS JORNADAS MAPEAR?

Lembra-se daqueles três grandes blocos: pré-venda, venda e vida de cliente? Cada uma das personas pode ter mais de uma jornada em cada uma dessas etapas. Não significa que você terá uma jornada de pré-venda, uma de venda e outra de vida de cliente. Talvez você tenha quatro jornadas dentro de cada uma dessas partes, por exemplo.

Certa vez, em uma consultoria para uma empresa do segmento B2B, percebemos que aquela organização tinha uma jornada de apresentação da marca no mercado, realizada pelo time de marketing, por meio de várias mídias: TV, redes sociais, *influencers* etc. Essa jornada da pré-venda incluía como o cliente descobria a marca. Post patrocinado? Anúncio em televisão? Indicação de um *influencer*? Como se dava essa descoberta? Tudo isso fazia parte dessa jornada.

Mas pense comigo: e se gerarmos interesse no cliente e ele entrar em nosso site ou ligar para a empresa em busca de mais informações sobre a jornada anterior? Opa, a jornada mudou. Agora, temos aí a de prospecção, que durará até o momento de assinatura de contrato. Note que ainda não saímos da pré-venda.

Sim, ao fazer isso, você verá muitas jornadas surgindo. É natural, e não há motivo para desespero. Não será preciso mapear todas neste momento. Lembre-se de que você definiu objetivos que o levaram a querer mapear a jornada do seu cliente. É a hora de revê-los, a fim de verificar quais jornadas você, de fato, deve mapear para alcançá-los. Se o seu objetivo estiver mais associado às jornadas de pré-venda, por exemplo, é esse bloco que você deve priorizar.

Claro, ao longo do processo, o seu objetivo pode ter mudado, então faça suas escolhas com base nisso. Não se empolgue para mapear cem jornadas logo de cara! Escolha, no máximo, seis, todas de acordo com o seu objetivo.

"Ah, Ricardo, então não posso mapear todas as 25 jornadas que identifiquei serem necessárias?". É o que costumo falar: "Você pode tudo". Mas é viável? Entenda que quanto mais jornadas, mais trabalho, mais tempo despendido. Se você e o seu time tiverem carta branca, perfeito, mas, na maioria das vezes, esbarramos em questões financeiras e de tempo. Então: *baby steps*!

Bem, decididas quais e quantas jornadas serão mapeadas, chegou o momento de entender que há quatro estratégias quando o assunto é mapeamento da jornada do cliente.

Ressalto outro detalhe superimportante, especialmente no universo B2B, que pode transformar radicalmente a maneira como você enxerga e estrutura as jornadas de seus clientes. É comum que uma única pessoa não percorra todo o caminho de relacionamento. Imagine, por exemplo, que tenha uma pessoa encarregada de influenciar a escolha do fornecedor, outra que efetiva a contratação da solução e, finalmente, uma terceira que se torna o usuário final da solução. Nessa teia de interações, as duas primeiras pessoas raramente participam da continuidade da experiência do cliente, deixando um espaço considerável para a seguinte reflexão: se a terceira pessoa entra em cena somente no ato final, como garantir que ela não se sinta excluída ou desvalorizada?

Esse desafio se desdobra em duas frentes essenciais: a primeira, mapear a jornada de cada persona com precisão, levando a metodologia a sério, a fim de garantir que cada etapa esteja alinhada com as suas necessidades e expectativas específicas. A segunda, e talvez mais desafiadora, é mapear essas jornadas distintas como uma experiência envolvente e agradável, assegurando uma transição suave entre as fases. Isso tanto eleva a percepção de valor da sua solução quanto cria uma sensação de inclusão e pertencimento entre as personas, independentemente de seu ponto de entrada na jornada.

Portanto, o segredo para um relacionamento duradouro e de valor com seus clientes no B2B está em reconhecer a individualidade de cada persona envolvida e em orquestrar uma experiência que acolha e valorize cada participante dessa jornada. Transformando, assim, pontos de transição entre jornadas distintas em oportunidades para aproximar e reafirmar o valor que sua empresa oferece. Essa abordagem assegura uma percepção positiva da sua marca e prepara o caminho para um engajamento de longo prazo.

TIPOS DE JORNADA

A Forrester indicou quatro abordagens que nos ajudam a direcionar os nossos esforços.[63] É preciso pensar em qual ou quais serão utilizadas, de acordo com as particularidades do seu projeto e da sua empresa. É importante entender que elas não se excluem, ou seja, você pode usar mais de uma estratégia, se isso fizer sentido para o seu mapeamento de jornada e se for uma escolha intencional. Além disso, tenha em mente que é possível usar o meu método em todas elas.

HIPÓTESES

Essa estratégia vai um pouco de encontro à máxima em CX sobre pensar e mapear de fora para dentro, sob a perspectiva do cliente.

---

[63] FOUR Approaches to Mapping the Customer Journey. **Forrester**, 25 nov. 2015. Disponível em: www.forrester.com/cx-cast/32-four-approaches-to-mapping-the-customer-journey/. Acesso em: 15 mar. 2024.

O SEGREDO PARA UM RELACIONAMENTO DURADOURO E DE VALOR COM SEUS CLIENTES NO B2B ESTÁ EM RECONHECER A INDIVIDUALIDADE DE CADA PERSONA ENVOLVIDA E EM ORQUESTRAR UMA EXPERIÊNCIA QUE ACOLHA E VALORIZE CADA PARTICIPANTE DESSA JORNADA.

O CAMINHO DO CLIENTE
@RICPENA

Nessa abordagem, primeiro temos um movimento de dentro para fora, que faz as pessoas enxergarem. Em geral, utilizamos essa tática quando vamos envolver apenas a liderança da empresa, apresentando a ela as hipóteses da jornada que desenhamos, para que entenda como aquelas ações afetam a companhia.

Um exemplo: você está mapeando a jornada e testando algumas hipóteses. Uma delas é que para atingir seus objetivos, é necessário mudar a sede da empresa. Então, você apresenta essa e outras hipóteses para os sócios, entendendo como cada uma delas afetará a instituição. Se isso está realmente nos planos, como essa mudança pode ser realizada, o que a organização precisa mudar, qual o esforço para que isso aconteça... Percebe como é uma visão de dentro para fora?

Outra grande vantagem desse tipo de mapeamento é ajudar os líderes da empresa a entender a percepção do cliente: "Olhe, a expectativa do cliente é X. A hipótese que queremos testar é para mudar Y. Como vocês enxergam isso?". A partir daí, o trabalho é desenvolvido.

Quando se adota essa abordagem de mapeamento da jornada do cliente, que privilegia uma perspectiva de dentro para fora antes de mergulhar na visão tradicional de fora para dentro, você está posicionando sua empresa na direção correta para o início de uma caminhada centrada na jornada. Essa tática não só facilita um alinhamento mais profundo e estratégico com a liderança da sua empresa, como também ajuda os colaboradores a entenderem melhor as necessidades e expectativas dos clientes. Ao envolver a liderança na avaliação e no ajuste das hipóteses da jornada, você constrói um apoio fundamental para decisões e ações eficazes que serão percebidas tanto interna quanto externamente. Desse modo, incentivo você a adotar esse modelo, que promete uma transformação interna significativa e a possibilidade de redefinir a experiência do cliente de maneira impactante. Lembre-se sempre de que o objetivo é posicionar a sua empresa não apenas para atender, mas também para superar as expectativas dos clientes de maneira planejada e alinhada.

INICIE PELA PESQUISA

Nesse método, um dos mais tradicionais, buscamos primeiro os dados: CRM, Google Analytics, entrevistas com o cliente, sites como Reclame Aqui e fóruns de discussão, entre outras fontes. Ou seja, você reúne todas as informações para que o seu time sempre as leve em consideração, de modo a tomarem as melhores decisões, a fim de conseguirem prosseguir com o mapeamento da jornada do cliente.

No momento que dá o primeiro passo com essa técnica centrada na pesquisa, você cria uma base sólida e rica em dados para aprimorar a experiência do cliente. Essa é uma abordagem para mergulhar no universo dele, utilizando uma variedade de ferramentas e recursos para capturar a essência de suas necessidades, seus desejos e suas frustrações. Ao coletar e analisar informações de diversas fontes, você amplia a sua visão sobre o cliente e potencializa a capacidade do seu time de tomar decisões informadas, que afetam positivamente o consumidor. Encorajo você a adotar essa abordagem rica em dados, garantindo que cada passo dado na jornada de mapeamento seja guiado por insights profundos e acionáveis.

> **AO ENVOLVER A LIDERANÇA NA AVALIAÇÃO E NO AJUSTE DAS HIPÓTESES DA JORNADA, VOCÊ CONSTRÓI UM APOIO FUNDAMENTAL PARA DECISÕES E AÇÕES EFICAZES QUE SERÃO PERCEBIDAS TANTO INTERNA QUANTO EXTERNAMENTE.**

COCRIAÇÃO

Nessa abordagem, você desenha o mapa da jornada do cliente junto com ele. Funciona assim: você convida para uma reunião alguns clientes, dentro do perfil da persona desenhada. Nesse encontro, enquanto você desenha a jornada, apresenta os pontos dela, vai coletando os feedbacks, as percepções e testando as melhorias. Eu já participei de algumas atividades desse tipo, e o resultado é sempre muito bom.

LEMBRE-SE SEMPRE DE QUE O OBJETIVO É POSICIONAR A SUA EMPRESA NÃO APENAS PARA ATENDER, MAS TAMBÉM PARA SUPERAR AS EXPECTATIVAS DOS CLIENTES DE MANEIRA PLANEJADA E ALINHADA.

No contexto B2C, geralmente é mais fácil realizar esse tipo de ação, mas no B2B também é viável, se você mantiver um bom relacionamento com seus clientes. Aproxime-se mais daqueles com quem já tem uma boa relação, explique sua intenção de aprimorar a experiência deles e dos demais clientes e convide-os para participar de duas ou três sessões de mapeamento na empresa. Ambas as partes terão uma experiência enriquecedora, eu garanto.

Aplicar esse método para mapear a jornada do cliente é um passo importante na direção da excelência. Ao convidar seus clientes para colaborarem diretamente no desenho dessa jornada, você garante que as suas estratégias estejam alinhadas com as necessidades reais de quem mais importa e fortalece o relacionamento com eles, criando um senso de pertencimento e valorização diferenciado. Essa abordagem colaborativa abre portas para insights inovadores e soluções personalizadas. Implemente sessões de cocriação com seus clientes; o retorno em termos de engajamento, satisfação e fidelidade deles certamente será muito maior do que com estratégias mais tradicionais de marketing.

QUICKFIRE

Essa estratégia costuma ser utilizada em ações mais pontuais, pois se baseia em transformar um case de sucesso em uma jornada que possa ser replicada.

Vamos considerar o seguinte cenário: o produto X teve um lançamento incrível, alcançou enorme sucesso, e, agora, você está prestes a lançar o produto Y, esperando que ele seja ainda mais bem-sucedido que o anterior. Nesse contexto, você analisa a jornada completa do produto X, identifica os fatores que contribuíram para sua excelente receptividade, e utiliza esse modelo como um padrão para o produto Y. Dessa forma, você inicia a jornada do produto Y já com a experiência do X como referência.

O Quickfire oferece a oportunidade de pensar da seguinte forma: ao seguir esse caminho, o que mais podemos fazer para aprimorar a jornada do cliente para esse novo produto/serviço ou para uma atualização da jornada anterior? É crucial entender que nada é tão eficaz que não possa ser aprimorado. Ainda que o produto anterior tenha sido um sucesso, simplesmente reproduzir uma jornada pode não ser suficiente para manter o êxito.

É importante ter em mente que a experiência do cliente está sempre evoluindo. O "paladar" dele não retrocede; uma vez que se acostuma com determinado tipo de experiência, suas expectativas aumentam. Portanto, o objetivo deve ser uma busca contínua de superar essas expectativas, oferecendo um pouco mais que a ocasião anterior.

Depois de escolher as jornadas que serão mapeadas e as abordagens a serem adotadas, é hora de iniciar o mapeamento! No entanto, antes disso, vamos explorar a estrutura e os elementos que as constituem.

A ANATOMIA DE UMA JORNADA

Para estruturar a jornada do cliente, é essencial primeiro identificar as etapas cruciais que ele percorre, desde a descoberta da marca até a pós-compra (vida de cliente). Em seguida, realiza-se o mapeamento detalhado dos pontos de contato e interações do cliente com a empresa ao longo dessa jornada, abrangendo desde visitas ao site até interações com anúncios, atendimento ao cliente e compras. Finalmente, as informações coletadas são utilizadas na elaboração de um mapa visual da jornada do cliente, destacando suas etapas, pontos de contato e interações, o que pode ser representado por diagramas ou ferramentas on-line especializadas.

Esses procedimentos ajudam a ter uma visão mais clara da experiência do cliente e possibilita melhorias em cada etapa e interação. Vamos analisá-los em detalhes.

ESTÁGIOS E INTERAÇÕES

Desenhar os estágios significa que você vai entender onde começa e onde termina cada uma das jornadas, sempre do ponto de vista do cliente. Pense que sua jornada deve ser eficiente, e não conter 1.234 estágios. Afinal, o objetivo é criarmos um documento que permita que outras pessoas entendam qual é a nossa estratégia de relacionamento com o cliente. Por isso, o registro precisa ser conciso, e a mensagem, bem transmitida, para que comprem a sua ideia. Se você fizer uma jornada com os 1.234 estágios, dificultará a sua vida. Imagine: você está apresentando uma jornada, explicando-a, e precisa arrastar os estágios aqui e ali, abrindo desdobramentos, e tendo que imprimir "apenas" 200 páginas para que as pessoas entendam. Percebe a fadiga?

O ideal é dividir em jornadas menores, no máximo oito estágios em cada jornada. Isso facilitará bastante a sua apresentação, a mostrar para os demais setores, os líderes C-level, o que está propondo como experiência, e, assim, engajar todos da empresa. Falaremos sobre isso em detalhes já, já.

Quando você define os estágios inicial e final de uma jornada é bem provável que já tenha em mente quais são, pois, durante a definição da jornada, vários insights já foram surgindo nas reuniões com a equipe. A partir desses estágios definidos, você começa a preencher o meio, lembrando-se sempre da sua persona, uma vez que cada estágio deve representar uma ação do cliente, e não um processo da empresa.

Vou exemplificar: suponhamos que a primeira jornada a ser mapeada é a de Prospecção. É fundamental compreender seu início e término, evitando possíveis sobreposições com outras, como no caso da jornada de Envio de Proposta. Então nós nos colocamos no lugar da nossa persona e passamos a imaginar as ações dela ao interagir com a nossa empresa. A jornada da Maria (a nossa persona) começa ao acessar o site. O próximo estágio é quando ela preenche um formulário solicitando uma proposta, e, em seguida, aceita o convite para apresentação do produto e agenda um encontro conosco. Por fim, há o estágio em que Maria demonstra interesse no que apresentamos e pede uma proposta. A partir desse ponto, já iniciaria outra jornada.

Percebe como foquei a persona? Foi ela quem preencheu o formulário, e não a empresa que recebeu o contato. Foi ela quem aceitou o nosso convite para uma apresentação do produto, e não nós que ligamos para ela marcando uma reunião. Isso é pensar de fora para dentro, sem focar os processos!

> **É IMPORTANTE TER EM MENTE QUE A EXPERIÊNCIA DO CLIENTE ESTÁ SEMPRE EVOLUINDO.**

E é assim que será feito com as demais jornadas que você e sua equipe se propuseram a desenhar. Apenas quando terminarem de mapear os estágios de todas passarão para a de interações. E, para essa fase, os estágios deverão estar bem delimitados, afinal, ao mapear as interações, vamos associar o que o cliente sente, pensa e faz em cada um desses estágios.

Em geral, as interações são divididas em dois grupos: **opcionais** e **obrigatórias**. Como o nome já indica, o ideal é começar pelas obrigatórias, que são: experiência desejada, experiência entregue, evolução emocional e canal de contato. As opcionais englobam informações como áreas envolvidas, sistemas utilizados, processos, desafios, métricas, imagem, horário, local e outras.

Para ficar mais claro, vamos voltar ao exemplo da jornada de Prospecção. Maria acabou de entrar no site da empresa, passou por aqueles estágios que desenhamos, até solicitar a proposta de compra. Considerando as interações obrigatórias, devemos ponderar o ponto de vista da nossa persona, em cada um dos estágios.

- **Experiência desejada:** Qual a expectativa de Maria ao acessar o site? O que ela espera da empresa?
- **Experiência entregue:** Como é a experiência que você entrega para Maria hoje?
- **Evolução emocional:** Como Maria se sente em cada um dos estágios em que interage com a empresa? Irritada? Satisfeita? Esperançosa?

- **Canal de contato:** Como se dá a comunicação com Maria? Por telefone? Pelo site? WhatsApp?

Vejamos outro exemplo com a padaria de Renato. Representados graficamente, os estágios de uma jornada de compra seriam estes:

Novamente, aqui, é preciso levantar dados sobre a experiência desejada e a entregue, a evolução emocional da persona, o canal de contato usado por ela.

"Ih, Ricardo, não tenho todas essas informações..." Volte algumas casas e pesquise. Chame o cliente para conversar, pegue mais dados. De novo: não é para tirar nada da cartola! Nada de achismos!

Essas quatro interações obrigatórias cobrem bem os principais pontos da jornada do cliente, mas vale a pena trabalhar as opcionais que fazem sentido para o seu negócio. Só tenha cuidado com a de processos, pois, como já disse, não é para misturarmos processos no mapeamento da jornada. Em alguns casos, porém, é interessante inserir os pontos mais importantes do processo.

As pessoas costumam me questionar sobre imagem: "Inserir imagens, Ricardo? Como assim? Que diferença faz?". A imagem serve como referência visual. Lembre-se de que o mapeamento da jornada é um documento que vamos usar para persuadir outras pessoas, então é importante que haja elementos que as ajudem a compreender o que lhes estamos propondo. Por exemplo: se você estiver mapeando uma relação B2B, pode utilizar uma imagem de um bonequinho pagando a conta ou apertando a mão de outra pessoa, fechando o negócio. Particularmente, adoro fazer isso quando mapeio jornadas, pois as pessoas, assim que olham a imagem, já sabem do que se trata.

Relembrando que o fundamental é que tanto estágios quanto interações levem sempre a persona em consideração! Beleza?

"Beleza, Ricardo. Já entendi isso e também o que são estágios e interações... Mas tenho uma dúvida: vou ter que fazer isso sozinho? E o meu *squad*?". Vai chamá-lo, é claro. E não só ele. Como já citamos, o envolvimento de outros setores é muito importante quando se trata de experiência do cliente.

COMO ENGAJAR OUTRAS PESSOAS E CONDUZIR SESSÕES DE MAPEAMENTO

A ideia, neste momento, é: reúna a equipe, peça a colaboração de todos. Apresente tudo o que fizeram: "Pessoal, já temos essas personas definidas e encaixadas nos três blocos. E agora? Quais são as jornadas que temos em cada uma dessas fases de pré-venda, venda e vida de cliente? Quais são os passos sob o ponto de vista dessas personas? Vamos pensar juntos nos estágios e nas interações dessa jornada!".

Já deve ter dado para perceber que mapear a jornada do cliente é uma atividade coletiva, que envolve a participação ativa de todas as áreas da empresa. Nesse percurso, não se trata de apontar dedos ou destacar problemas nas diversas áreas, e sim de unir esforços para encontrar soluções. Cada setor e cada indivíduo desempenha um papel essencial no desenho dessa jornada, contribuindo com suas perspectivas únicas e habilidades específicas.

É uma oportunidade de ir além das barreiras departamentais, compartilhando ideias e insights para construir algo coeso e inspirador. É também um convite para que todos aceitem o desafio com entusiasmo e se comprometam a elevar o padrão das experiências oferecidas aos clientes.

Ao adotar uma abordagem colaborativa, transformamos o mapeamento da jornada do cliente em uma oportunidade para construir pontes e fortalecer sinergias. Não apenas criamos um documento, mas também consolidamos um compromisso coletivo, proporcionando experiências icônicas e verdadeiramente marcantes para os clientes.

Durante as sessões de mapeamento, continuaremos com isto em mente: envolver as pessoas nessa atividade, sempre pedindo a opinião delas e estimulando-as a colaborar. Por exemplo, você está em uma sessão de mapeamento da jornada da sua persona Maria. Inicie relembrando às pessoas quem é ela e, depois, pergunte: "Pessoal, onde começa e onde termina essa jornada?". À medida que responderem, você vai desenvolvendo.

Algumas perguntas básicas são importantes: "O que esta persona faz mesmo?", "Será que estamos pensando em tudo?", "Será que a jornada começa mesmo aqui?", "E, quando chegar aqui, será que é outra jornada?", "Qual é o próximo estágio, o passo que a pessoa está dando?", "Será que há mais passos intermediários?", "E as interações?", "Vimos se o cliente teve uma evolução emocional positiva?".

Ao passo que você vai conduzindo as pessoas, por meio do desenho, dos estágios e das interações, ideias vão borbulhar, os participantes vão compartilhando experiências. "Ah, teve um cliente que falou isso...", "Nesse estágio, nosso serviço não é muito bom...", "Demoramos demais nessa outra fase...", "Ah, os clientes adoram o jeito que fazemos isso aqui...". Vamos ouvindo e anotando tudo, ainda que não usemos naquele momento.

É importante também ficarmos atentos àqueles participantes mais quietos, traga-os para a conversa, instigue-os com perguntas. E quanto aos mais falantes, se estiverem desfocando do objetivo da sessão, escute-os, mas deixe claro que aquela sessão é para mapear a jornada do cliente. Assim, todos terão a chance de participar, e a sessão será muito mais enriquecedora.

A seguir, listei algumas dicas práticas que o auxiliarão na organização desses encontros de mapeamento de jornadas.

1. Quantas pessoas devem ser chamadas para as sessões de mapeamento?

Um desafio importante a ser considerado é o número de participantes. Uma quantidade excessiva pode acabar prejudicando a eficácia do mapeamento. O ideal é dividir os participantes em grupos menores, geralmente de 3 a 5 pessoas, para garantir a produtividade das sessões.

"Ih, Ricardo, mas minha equipe tem umas 20 pessoas, e agora? Desconvido algumas?" Não, você vai chamar todos para a sessão de mapeamento da jornada; vai subdividir os participantes em grupos, para focar em jornadas individuais ou consolidar informações semelhantes. Observe: no caso de uma equipe de 20 pessoas, você a subdividiria em quatro grupos, com cinco integrantes em cada um.

Durante a dinâmica, estabeleça tarefas e revise as orientações. Depois de um tempo determinado, os grupos compartilham as informações, consolidando tudo em uma única jornada. Quando há várias jornadas, cada grupo pode trabalhar em uma, apresentando e discutindo com os demais depois. O seu papel deve ser ativo, ou seja, vá de um grupo para o outro, a fim de garantir que todos estejam na mesma página. Esse método, quando aliado às dicas práticas fornecidas anteriormente, contribui para uma sessão de mapeamento da jornada do cliente mais eficiente e colaborativa.

2. Qual plataforma usar?

Para fazer o mapeamento da jornada, uma maneira prática e superprodutiva é usar a plataforma PeopleXperience, que já conhecemos quando mapeamos a nossa persona. Nela, por exemplo, você pode compartilhar com outras pessoas o mapeamento e até imprimir em PDF sem custo; além de ter a opção de iniciar do zero uma jornada ou usar um modelo pronto, que também é customizável.

Mas, claro, você pode mapear de outro jeito, usando a ferramenta que preferir, seja papel sejam planilhas. O importante é ser de fácil entendimento para todos. Meu objetivo não é oferecer um treinamento detalhado da plataforma da PeopleXperience, apenas mostrar que essa ótima ferramenta facilitará muito a sua vida.

MATERIAIS E DURAÇÃO DAS SESSÕES

Ao considerar a realização da sessão de mapeamento, é fundamental decidir se será conduzida on-line ou presencialmente. Se for esse o caso, lembre-se dos materiais necessários, como: bloco de anotações,

Post-its, iluminação adequada, lanches, suco etc. Se for virtual, verifique qual plataforma usará, se gravará a sessão, se todos têm acesso à plataforma etc.

No que diz respeito à duração da sessão, recomendo dividir a atividade em três ou quatro sessões com, no máximo, uma hora a uma hora e meia cada. Isso porque, após esse tempo, as pessoas tendem a ficar cansadas e distraídas, o que pode impactar a qualidade da sessão, prejudicando o foco. Essa divisão pode ser, por exemplo, duas sessões em um dia e outras duas no dia seguinte. Isso contribui bastante para manter o envolvimento e a eficácia da sessão.

Lembra que o João faria um exercício de mapear duas personas? Ele percebeu que a tarefa não seria tão simples assim, então decidiu compartilhar o que vinha estudando com um colega de trabalho, o qual ficou muito interessado no assunto, e mais: indicou uma colega que poderia se interessar. Resultado? São três pessoas agora buscando e trocando informações sobre CX. A atividade ficou muito mais rica e prazerosa!

Sabe o exemplo que usamos de mapeamento de jornada da persona Maria? Então, foi uma das jornadas em que os três trabalharam como exercício. Não podiam estar mais felizes com o esforço deles: finalmente começavam a entender, de fato, o que os clientes da empresa sentem, pensam e fazem! Estão cheios de ideias de melhorias, conscientes dos gaps e das melhorias, e só de pensar que isso pode ficar ainda melhor...

É o que vai acontecer no próximo passo. Estamos quase terminando o mapeamento da nossa jornada atual do cliente. Faltam apenas alguns detalhes, para, então, irmos em busca daquela cereja do bolo, daquele toque especial: criar momentos "uau" para o cliente, surpreendê-lo por completo!

MAPEAR A JORNADA DO CLIENTE É UMA ATIVIDADE COLETIVA, QUE ENVOLVE A PARTICIPAÇÃO ATIVA DE TODAS AS ÁREAS DA EMPRESA.

O CAMINHO DO CLIENTE
@RICPENA

07.

PASSO 4: SURPREENDA O CLIENTE NOS MOMENTOS DA VERDADE

"APRENDI QUE AS PESSOAS ESQUECERÃO O QUE VOCÊ DISSE, ESQUECERÃO O QUE VOCÊ FEZ, MAS JAMAIS ESQUECERÃO COMO VOCÊ AS FEZ SENTIR."

Maya Angelou[64]

---

[64] 101 OF THE Best Customer Experience Quotes. **Blake Morgan**, 25 abr. 2019. Disponível em: www.blakemichellemorgan.com/customer-experience/101-of-the-best-customer-experience-quotes/. Acesso em: 16 mar. 2024.

Quando se trata de CX, a Disney é líder. Conhecida por sua excelência na criação de experiências mágicas para seus clientes, desde o momento em que entram em um parque temático até a última lembrança que levam para casa, a empresa se dedica a proporcionar uma jornada encantadora e memorável. A atenção aos detalhes é primorosa: da limpeza impecável até o treinamento excepcional dos colaboradores, que são incentivados a superar as expectativas dos visitantes.

Toda essa abordagem centrada no cliente resulta em pessoas satisfeitas e fascinadas com a gigante do entretenimento e, claro, em números expressivos. Segundo o relatório TEA/AECOM Theme Index de 2022, a Disney arrecadou 7,9 bilhões de dólares em lucro operacional em 2021 e opera sete dos dez parques temáticos mais visitados do mundo.[65]

Nas vezes que fiz treinamentos pelo Disney Institute, encarregado do desenvolvimento e treinamento profissional dos colaboradores do grupo Disney, observei algumas de suas operações em relação ao cliente. De modo constante, eles coletam evidências que mostram o que está funcionando e o que pode ficar ainda melhor.

Um exemplo incrível é o estacionamento dos parques. Os funcionários organizam os carros por horário de chegada, criando um controle diário de mapeamento da área. Assim, se eventualmente você esquecer onde estacionou o veículo, basta procurar o staff da Disney, informar quando chegou, e ele apontará o local em que o carro está. Perceba: enquanto a maioria das empresas terceiriza o

---

[65] OS MAIORES (e mais populares) parques da Disney ao redor do mundo. **Exame**, 26 fev. 2020. Disponível em: https://exame.com/negocios/os-maiores-e-mais-populares-parques-da-disney-ao-redor-do-mundo/. Acesso em: 16 mar. 2024.

serviço de estacionamento, a Disney está preocupada com a experiência do visitante.

Ainda está para surgir uma empresa que mais se empenha (e acerta) em proporcionar experiências incríveis aos clientes. É surpresa positiva atrás de surpresa positiva. E, neste capítulo, vamos aprender sobre como criar esses momentos "uau" para o cliente ao mapear a jornada dele.

DEFININDO O QUE É UM MOMENTO DA VERDADE

No capítulo anterior, eu disse que quase concluímos o desenho da jornada atual, ainda faltava uma pequena parte para terminá-la antes de embarcarmos no mapeamento da futura, na qual vamos desenhar as melhorias propostas e começar a pôr em prática as ideias para encantar o cliente.

O pedacinho do quebra-cabeça que está faltando são os momentos da verdade, os "momentos uau" (ou *WOW Moments*, em inglês), aqueles que mais se destacam por surpreender o cliente. Neles, você deve colocar mais atenção, mais energia, porque podem fazer toda a diferença. Quando se insere um "fator uau" na jornada, ao longo do processo o cliente vai ter a impressão de estar vivenciando ou adquirindo algo verdadeiramente extraordinário! Vai me dizer que isso não tem tudo a ver com a Disney?

Não à toa a expressão "fator uau" foi cunhada pelo Disney Institute. No livro *O jeito Disney de encantar clientes*,[66] vemos que esse elemento é o toque diferencial que impacta emocionalmente o consumidor. Cabe citar que a Forrester, em todos os 22 setores que estudou, atentou para como a experiência influencia mais a lealdade do cliente com a marca do que eficácia ou facilidade nos serviços. E mais: segundo levantamento da Bain & Company, um singelo aumento de 5%

---

[66] DISNEY INSTITUTE. **O jeito Disney de encantar os clientes**: do atendimento excepcional ao nunca parar de crescer e acreditar. Tradução de Cristina Yamagami. São Paulo: Benvirá, 2012.

na capacidade de encantar os clientes pode resultar em um notável acréscimo, alcançando até 95% nos lucros. Ou seja: a emoção é a chave para a diferenciação da CX e um expressivo aumento nos resultados financeiros.[67, 68]

Não só a já citada Disney, como também empresas como Google, Amazon, Starbucks, Outback e outras são conhecidas por esse encantamento. Elas proporcionam um atendimento singular e mantêm o relacionamento vivo após a venda, sempre buscando construir laços mais pessoais com os clientes. Em razão disso, muitas pessoas se sentem deslumbradas com essas organizações e as elogiam, além de as defender vigorosamente. Tal resultado você só consegue construindo momentos da verdade, criando, assim, uma ponte emocional com o cliente.

QUANDO SE INSERE UM "FATOR UAU" NA JORNADA, AO LONGO DO PROCESSO O CLIENTE VAI TER A IMPRESSÃO DE ESTAR VIVENCIANDO OU ADQUIRINDO ALGO VERDADEIRAMENTE EXTRAORDINÁRIO!

Gosto de trabalhar entre três e cinco momentos da verdade por jornada. Assim, se você tiver dez jornadas, terá, pelo menos, trinta momentos da verdade. "Ricardo, posso inserir mais de cinco?" Como já disse, você pode tudo. Mas nem tudo vale a pena ou é viável. Pense comigo: se todos os (ou vários) momentos são da verdade, então nenhum momento em especial vai se destacar, certo? Veja bem: não é porque você terá atenção redobrada nos momentos da verdade que os outros serão desprezados, ok? Todos os estágios, todas as interações são importantes. A diferença é que os momentos "uau" são a cereja do bolo!

---

[67] JACOBS, I. Use Emotion to Beat Customer Service Stagnation. **Forrester**, 21 fev. 2019. Disponível em: https://www.forrester.com/report/Use-Emotion-To-Beat-Customer-Service-Stagnation/RES144144. Acesso em: 17 mar. 2024.

[68] REICHHELD, F. Prescription for Cutting Costs: Loyal Relationships. **Bain & Company**, set. 2001. Disponível em: https://media.bain.com/Images/BB_Prescription_cutting_costs.pdf. Acesso em: 17 mar. 2024.

Como identificar esses momentos ao mapear a jornada do cliente? Há várias maneiras. Entre elas: questionar diversas fontes, incluindo colaboradores, clientes ou até mesmo explorar mapeamentos bem-sucedidos já utilizados. Então, tente descobrir: será que é melhor ter esse momento logo no início? Ou no final? Ou no meio da jornada?

Na Disney, por exemplo, os colaboradores acenam um tchauzinho quando o visitante sai dos parques. Além disso, adotam a prática de emprestar baterias de carro. É, é isso mesmo. Foi observado que muitas pessoas esqueciam o farol ligado de manhã, então, na hora de ir embora, o automóvel estava sem bateria. Visando à comodidade do cliente, encontraram essa solução. Vai me dizer que isso não é algo "uau"?

Pensando em B2B, quando o cliente chega à recepção, a primeira impressão é fundamental, certo? Será que ele está sendo bem-recebido por uma colaboradora simpática, que lhe oferece um café ou um lanche? Ou por uma recepcionista que está no celular de papo com o namorado ou mesmo pintando as unhas?

Esses momentos merecem uma análise mais cuidadosa e talvez uma abordagem mais criativa. Na busca por destaque, surge a oportunidade de criar algo especial, que vá além do comum. Isso envolve pensar em ideias novas, propor desafios internos e até mesmo simular situações como se fosse um cliente oculto. Oferecer incentivos é outra boa saída: "Pessoal, vamos pensar o que podemos fazer nesse momento? Quem der a melhor ideia vai ganhar XYZ!". Pedir sugestões a plataformas de Inteligência Artificial como o ChatGPT também pode trazer diversidade às propostas. O objetivo é explorar a criatividade para inventar experiências únicas que surpreendam.

É importante encorajar as pessoas a expressarem suas ideias sem restrições, e jamais descartá-las de imediato. Além do mais, tudo isso passará por uma validação mais tarde, antes de ser implantado. Manter essa atitude de engajamento cria um ambiente favorável à inovação. Já vimos que, ao conduzir sessões de desenho da jornada do cliente, é fundamental incentivar a participação ativa, motivando os que talvez estejam mais hesitantes a contribuir. Reconhecer e valorizar ideias criativas promove a colaboração e a construção de uma experiência do cliente verdadeiramente especial.

Voltando ao nosso personagem Renato, ele está cada dia mais animado. Desde que conseguiu montar uma equipe pequena, que o ajuda com o mapeamento da jornada do cliente, o empreendedor tem visto evolução no processo. Lembra-se de que ele havia levantado dados dos clientes e chegara a duas personas que juntas englobavam 70% do seu *marketshare* – a que representa os clientes que trabalham no entorno do seu estabelecimento e a que representa os clientes já aposentados, que também moram pela vizinhança? Então, ele começou mapeando as jornadas atuais de venda delas, nas quais percebeu ter mais *gaps*. Após desenhar os estágios e as interações, Renato e seu time pensam em quais momentos da verdade podem incluir nas jornadas.

RECONHECER E VALORIZAR IDEIAS CRIATIVAS PROMOVE A COLABORAÇÃO E A CONSTRUÇÃO DE UMA EXPERIÊNCIA DO CLIENTE VERDADEIRAMENTE ESPECIAL.

Várias ideias já foram lançadas na mesa, mas duas chamaram a atenção do empresário. O gerente da padaria foi o responsável por uma delas: "Percebo que muitos clientes às vezes abandonam mercadorias no caixa, porque não trabalhamos com desconto, já que nossas margens são pequenas. E se tivéssemos um cartão de fidelidade? A partir de X itens comprados ou de valor Y, haveria algum benefício?" A outra boa ideia veio de um atendente: "Seu Renato, o senhor disse que poderiam ser coisas simples... Que tal, então, quando a compra for grande, oferecermos para levar as bolsas até o carro do cliente? Ainda mais em dias de chuvas? Podíamos até ter guarda-chuvas para emprestar. Muitos fregueses reclamam que o nosso estacionamento é no outro lado da rua".

Como não ficar empolgado com essas ideias?, é o que Renato está pensando durante a reunião. Curioso para ver o resultado disso tudo?

A UM PASSO DA JORNADA FUTURA

Há ainda um item importante para levarmos em consideração antes de começarmos o mapeamento da jornada futura. Tem a ver com as dores do cliente. Lembra que inserimos as interações obrigatórias, incluindo as expectativas e a experiência desejada do cliente? Nesse momento, é preciso destacar as cinco dores principais, aquelas que você mais ouviu dos clientes quando mapeou a(s) persona(s). Isso o ajudará a ter mais clareza para pensar em soluções.

Por exemplo, no mapeamento para uma empresa B2B, uma das principais dores do cliente era não se sentir seguro ao utilizar a plataforma. Ela tinha receio de comprar uma coisa e acabar recebendo outra. Sabendo disso, pensamos em estratégias que o deixassem mais seguro ao comprar na plataforma.

Para chegar ao âmago dessas dores, gosto muito de utilizar a técnica dos cinco porquês. Desenvolvida pela Toyota na década de 1950 como parte de sua busca pela excelência na qualidade dos processos, é um método de investigação que envolve questionar até cinco vezes as razões (perguntando "por quê?") por trás de um determinado evento, a fim de identificar sua verdadeira origem.[69]

Imagine o seguinte: a minha dor é não conseguir arrumar tempo para estudar. Por quê? Porque eu trabalho demais. Ok, e por que você trabalha demais? Porque o meu segmento é bastante competitivo. Ok, e por que o seu segmento é muito competitivo? Já estou na terceira pergunta, mas deu para perceber o objetivo da técnica: entender bem a raiz dessa dor. Ao compreender a origem

---

[69] TÉCNICA dos 5 porquês: o que é e sua importância. **Mereo**, 28 maio 2021. Disponível em: https://mereo.com/blog/5-porques/. Acesso em: 17 mar. 2024.

dela, talvez eu possa fazer algo para ajudar o meu cliente. Claro, em alguns casos, não terá muito o que fazer; por exemplo, se for uma dor de cultura organizacional ou de crença. Mas você vai ter uma boa visão de como pode pensar em soluções ainda mais fantásticas não só para auxiliar aquela pessoa, mas também para surpreendê-la.

REVISAR A EXPERIÊNCIA ATUAL E A DESEJADA PARA CRIAR ALGO INOVADOR

Após termos desenhado a jornada atual, isto é, analisado a trajetória de hoje do cliente, entendido os desafios, as expectativas, a experiência desejada e as dores dele, temos uma base sólida para criar estratégias de melhorias. Já podemos, então, pensar na **jornada futura**, à qual muitas pessoas se referem como **jornada ideal**.

Particularmente, prefiro usar o termo futura, pois entendo que jornada "futura" remete a aonde queremos ir, e a expressão jornada ideal me gera a impressão de que, enquanto você não implanta todas as atividades, não está no patamar pretendido, buscado. Parece desmerecer um pouquinho o trabalhão que tivemos até aqui, não?

Percebeu que eu escrevi "pensar na jornada futura"? É que não foco nela prontamente, assim que termino de desenhar a atual. Eu me distancio um pouco, deixo a jornada atual parada por alguns dias, uma semana ou duas, e, então, retorno a ela. Revejo aquele caminho do cliente, se, de fato, levei em consideração todas as informações relevantes, não me esquecendo de nada.

Faça essa análise junto com a equipe. E, assim que você a fizer, verá como encontrará arestas para aparar e como vão surgir mais ideias. Como já orientei antes, não descarte nada. Se no momento você não puder anotar por estar ocupado engajando as pessoas durante as sessões de mapeamento, repasse a tarefa para um membro do time.

Lembre-se: o objetivo é identificar como está agregando valor ao cliente, onde estão os gaps que podem fazê-lo desistir de interagir com a marca e as oportunidades para fazer da experiência dele icônica. Por isso, é tão importante desenhar a jornada atual, verificar as expectativas e a experiência desejada do cliente, a fim de encontrar as lacunas. Afinal, como pensar em melhorias sem saber em que pode melhorar?

Vamos voltar ao exemplo em que o atendente sugeriu carregar as sacolas de compras até o carro do cliente, em especial em dias de chuva, emprestando um guarda-chuva. O dono da padaria acredita que pode trabalhar esse *gap*, fazendo dele um momento de verdade, ou seja, aquele em que o cliente vai achar incrível. Mas há um problema: Renato já percebeu que nem todos os atendentes com quem conta atualmente são proativos para pôr isso em prática. Eles até são gentis, mas falta aquela centelha para fazer mais um pouquinho e ganhar a fidelidade de mais consumidores.

Note que estamos falando de cultura da empresa. Então, Renato vai precisar trabalhar isso com os seus colaboradores, a fim de que se torne uma prática em suas padarias. Tudo o que envolve mudança de cultura demanda tempo, não dá para fazer da noite para o dia, mas é possível pensar em tarefas práticas que farão a diferença nesse início. Por isso, é válido pensar com o time em: 1) como fazer isso: ter uma atitude proativa; 2) em oportunidades para implementar isso: ao ver que o cliente está com muitas sacolas de compras, e/ou se estiver chovendo, ou se ele for idoso, ou se estiver com criança de colo ou grávida, ou for uma pessoa com deficiência, ofereça ajuda, acompanhando-o até o veículo e/ou emprestando-lhe um guarda-chuva.

Renato e sua equipe perceberam um *gap*: clientes reclamam que o estacionamento é do outro lado da rua; e pensaram em uma oportunidade de melhoria: proatividade. Entenda que ainda não pensamos em um plano, como esse processo funcionará para que o cliente se sinta mais acolhido. Essa é uma etapa posterior, da qual vamos tratar no próximo capítulo.

Usemos o outro exemplo do *gap* que os funcionários da padaria identificaram: clientes desistem de comprar mais por não obterem descontos. Oportunidade de melhorias: implantação de programa de fidelidade. O que Renato e seu time vão ter que fazer em um próximo momento é pesquisar a viabilidade disso, o impacto que terá nas vendas e nos custos. Esse também é assunto do próximo passo.

Todas essas ideias precisam ser validadas com os clientes, claro. Ver se fazem sentido. Então, consulte-o. Ligue para ele, chame-o para uma conversa. Pergunte a opinião dele e lembre-se: a experiência é para melhorar a vida dos clientes e, consequentemente, obter maiores rendimentos para a empresa.

"Ricardo, e como posso representar isso graficamente?". Espero não estar sendo repetitivo, mas a PeopleXperience oferece essa oportunidade de desenhar jornadas. Há modelos prontos que servem de guia e existem recursos para adaptar a jornada às suas necessidades. É uma opção simples e econômica. Há funcionalidades como editar com outras pessoas ao mesmo tempo, compartilhar alguém, editar em outro momento, exportar para um PDF, fazer um backup, fazer uma cópia, integrar com outros sistemas, inserir dados – "n" opções para facilitar o seu dia a dia.

Mas, como sempre digo, nada o impede de utilizar Post-its coloridos e quadro branco e montar a jornada futura sem ajuda de recursos tecnológicos. Também funciona. Mas, de coração, quando você precisar integrar dados e gerenciar tarefas, no modo analógico vai ser mais complicado. Além disso, tem aquela questão da importância de se fazer um trabalho não só com conteúdo profissional, mas também com aparência de profissional. Isso faz a diferença.

Na plataforma, ficaria assim, por exemplo:

134 O caminho do cliente

Já citei o próximo passo duas vezes, é indício de que já chegou a hora de irmos para ele, mas, antes, preciso dar um recado importante: é preciso não só colocar o ovo, mas também cacarejar. (Imagino a sua expressão neste exato momento. Calma, vou explicar!)

CÓ-CÓ-CÓ: A IMPORTÂNCIA DO MARKETING PARA AS EXPERIÊNCIAS INOVADORAS

Começamos essa nossa trajetória de mapear a jornada do cliente visando alcançar objetivos, certo? Além de proporcionar experiências icônicas a eles, buscamos resultados para a empresa, seja aumento do lucro, seja redução do custo, seja evitar um risco, entre outros. Pense comigo: de que adianta correr atrás de tantas melhorias e não compartilhar esse movimento e o resultado disso com as pessoas? É por isso que disse: quando colocamos o ovo, devemos avisar que ele está lá. Precisamos cacarejar.

O ideal, então, é traçar estratégias de divulgação – para o público interno e para o externo. Todas as grandes empresas agem assim. Temos que fazer "barulho", deixar claro para as pessoas o quanto já evoluímos desde o início do processo, quando pensamos nos objetivos de nossa jornada e tínhamos apenas um vislumbre do que era experiência do cliente.

"Ah, Ricardo, mas isso não é 'se mostrar'?" Sim, é mesmo. E qual o problema nisso? Batalhamos bastante desde o primeiro capítulo para desenvolver o método e, agora que ele está tomando mais forma, nada mais justo que divulgar os resultados alcançados até aqui. "É o fim, então?" Não, estamos na metade dos passos, mas já fizemos um longo percurso e, quanto mais levarmos as pessoas a compreender os resultados desejados pela empresa, melhor. Gera mais engajamento – o que já vimos ser importante no processo de mapeamento de jornada.

O MERCADO PRECISA SABER DOS SEUS RESULTADOS E AÇÕES

Sabe quem faz um ótimo marketing das boas experiências? A Apple. Por diversas vezes, a empresa virou notícia por seu relógio smart salvar vidas, e a "Maçázinha" não poupa recursos para divulgar isso. Em seus canais no YouTube há diversos relatos de consumidores desse tipo.

O relógio da marca, o Apple Watch, possui recursos de saúde, que, por exemplo, podem alertar os usuários caso o ritmo cardíaco esteja elevado ou abaixo dos limites pré-definidos em repouso. Foi o que salvou a vida de James, que estava em casa quando, sem qualquer aviso, seu relógio vibrou. A frequência do seu coração estava aumentando, indo bem além do comum em um adulto saudável (entre 0 e 90 batimentos por minuto). Ao chegar ao hospital, a frequência cardíaca dele marcou 206 bpm. James estava infartando aos 26 anos, e só pensava em sua família. Graças ao dispositivo, pôde buscar ajuda médica a tempo, e continuar a levar uma vida normal.[70]

A Apple não precisa sequer ir atrás dessas histórias. As pessoas procuram a empresa o tempo todo para compartilhar como seu dispositivo se tornou parte indispensável na vida delas. E, então, produzem as peças de divulgação.[71] Cacareja em alto e bom som as experiências fenomenais que proporcionam aos seus clientes.

Talvez o seu negócio não vá salvar literalmente a vida de alguém, mas, com certeza, oferece soluções, e isso deve ser divulgado! Renato, com a sua padaria, por exemplo. Alguns clientes encomendam kit festas, com torta, salgadinhos, doces e refrigerantes. Vamos dizer que um dos clientes – que se encaixa em uma daquelas personas que ele mapeou, dos

---

[70] BRANDON, S. A Smartwatch Just Saved a Man from Having a Heart Attack. **World Economic Forum**, out. 2017. Disponível em: www.weforum.org/agenda/2017/10/smartwatch-saved-man-from-heart-attack/. Acesso em: 10 fev. 2024.

[71] Para ver mais alguns exemplos de consumidores compartilhando como o relógio mudou a vida deles. APPLE watch. 2023. Vídeo (3min8s). Publicado pelo canal: Apple Canada. Disponível em: https://www.youtube.com/watch?v=tYj2Ifp2FT8. Acesso em: 1 abr. 2024.

idosos que moram nas redondezas – está completando 80 anos, e seus filhos encomendaram um kit para uma festa surpresa com a presença da família toda. Imagine a emoção do momento: gerações reunidas, filhos, netos, amigos queridos. E a padaria de Renato faz um bolo especial, que tem uma memória afetiva para o cliente, por fazê-lo lembrar de seus tempos de mocidade com os irmãos. Que alegria ele ter a oportunidade de compartilhar isso com aqueles que ama! Isso é muito legal e emocionante! E por que não divulgar que a sua empresa se preocupa em encontrar meios de proporcionar aos clientes momentos tão especiais?

RECONHEÇA O TRABALHO DA SUA EQUIPE ATÉ AQUI

Como comentei, estamos na metade do método de mapeamento da jornada, mas nem por isso vamos deixar o feedback para o final, certo? Já podemos dar alguns retornos para o time, principalmente os positivos. Muitas vezes, nós nos deixamos influenciar só pelos aspectos negativos, procurando apenas as falhas. Mas e os acertos? São tão importantes quanto!

Então, chame a sua equipe para um encontro de feedback. Quando for o caso de ser positivo, elogie cada um na frente de todos. Mostre os resultados alcançados, o quanto se destacou, o quanto aprendeu e evoluiu, o que implantou com sucesso.

Vivemos em um mundo superacelerado e competitivo em que a excelência no relacionamento com o cliente é a essência de qualquer negócio bem-sucedido. Reconhecer a equipe que se dedica a melhorar a experiência do cliente é mais do que um gesto de gratidão, é uma estratégia eficiente para construir uma cultura de desempenho, inovação e lealdade. Além disso, gera

> **TALVEZ O SEU NEGÓCIO NÃO VÁ SALVAR LITERALMENTE A VIDA DE ALGUÉM, MAS, COM CERTEZA, OFERECE SOLUÇÕES, E ISSO DEVE SER DIVULGADO!**

uma série de benefícios como: melhoria da motivação e moral do time, aumento da retenção de talentos, reforço da cultura da empresa, diferenciação da marca e melhoria contínua.

Se precisar dar um retorno de pontos a serem melhorados, chame o colaborador em particular. Converse com ele. Mostre primeiro o que ele fez de positivo e depois que poderia ter dado outra abordagem, dê sugestões. Não chegue só falando: "Nossa, tá ruim." Não, com empatia e calma, explique o que era esperado dele, mas que não foi alcançado e, então, sugira outro modo de tratar aquele problema, pensem em soluções juntos. Lembre-se de que toda a empresa está unida neste único objetivo: criar experiências icônicas aos clientes!

Vamos entrar em mais detalhes sobre esse ponto no passo sete, quando estivermos finalizando o método, mas achei importante trazer agora, no meio do processo, para que você já comece a motivar a sua equipe e os seus clientes, para que todos percebam o quanto estão empenhados nessa missão de melhorar a vida das pessoas.

E que missão maravilhosa, não é mesmo? Muda vidas! E a mudança para valer começa no passo seguinte, quando vamos criar um plano de ação. Rumo ao próximo capítulo, então?!

RECONHECER A EQUIPE QUE SE DEDICA A MELHORAR A EXPERIÊNCIA DO CLIENTE É MAIS DO QUE UM GESTO DE GRATIDÃO, É UMA ESTRATÉGIA EFICIENTE PARA CONSTRUIR UMA CULTURA DE DESEMPENHO, INOVAÇÃO E LEALDADE.

O CAMINHO DO CLIENTE
@RICPENA

08.
PASSO 5: CRIE O SEU PLANO DE AÇÃO COM PEQUENOS PASSOS

"CXM[72] = A ARTE E A CIÊNCIA DE PERSUADIR A LEALDADE VITALÍCIA A PARTIR DE TRANSAÇÕES DIÁRIAS."

Steve Curtin[73]

---

[72] CXM é a sigla para Gerenciamento da Experiência do Cliente, que vem do inglês *Customer Experience Management*.

[73] 101 OF THE Best Customer Experience Quotes. **Blake Morgan**, 25 abr. 2019. Disponível em: www.blakemichellemorgan.com/customer-experience/101-of-the-best-customer-experience-quotes/. Acesso em: 17 mar. 2024.

Aposto que a sua cabeça está fervilhando de ideias, pensando em várias soluções e ações a serem implementadas, após tudo o que foi visto no capítulo anterior. Essa energia é incrível, mas sabemos bem que, quanto mais desbravamos caminhos, a tarefa de escolher o rumo certo torna-se mais desafiadora. Estamos diante de um verdadeiro oceano de possibilidades, e navegar por ele exige uma cuidadosa seleção entre as melhores rotas a seguir.

Mas lembra-se do que foi dito no capítulo 2? Chegar à nova terra é possível, e estamos quase lá! Já mudamos a vela do seu barco, trocamos o motorzinho capenga por um robusto e o leme desgastado por outro. Estamos juntos nessa! Agora, com tudo "em dia", é o momento de verificar as possibilidades que surgiram em nosso horizonte e decidir quais delas devemos seguir.

É o que Mariana está fazendo. Ao observar a persona e as jornadas que ela e sua equipe desenharam na plataforma da PeopleXperience, sorri satisfeita. Apesar de ela acreditar na força do CX, foram tantas barreiras enfrentadas quando assumiu a liderança do setor que, mesmo com toda a determinação, questionou-se muitas vezes se chegaria à etapa de criação de um plano de ação, com base nas ideias que ela e seus companheiros tiveram ao trabalharem a jornada do cliente.

Na tela do laptop, Mariana vê as três estratégias consideradas para fortalecer a parceria com o Eduardo e a Mônica – as duas personas que representam grupos de clientes PJ de potencial médio de compra, recorda-se? A princípio, ela relê as estratégias para Eduardo.

No primeiro quadro da tela, está a proposta do "Programa de Relacionamento Personalizado". Mariana reflete sobre como essa abordagem criaria um elo mais forte, proporcionando um suporte mais dedicado e personalizado ao Eduardo. Essa ação pode resultar em clientes mais satisfeitos e, por fim, em contratos mais substanciais.

No segundo quadro, a opção "Treinamento Especializado" captura a atenção de Mariana. Ela imagina Eduardo aprimorando as habilidades técnicas e explorando ainda mais as soluções avançadas oferecidas pela empresa dela. Essa visão não apenas fortaleceria a relação, mas também poderia aumentar o valor percebido dos serviços.

No terceiro quadro, a líder se depara com a estratégia de "Descontos por Fidelidade". Ela pondera os benefícios de recompensar a fidelidade do Eduardo com descontos progressivos. Considera como essa abordagem poderia incentivar a continuidade do relacionamento e até mesmo levar a um aumento gradual no valor do contrato ao longo do tempo.

Todas as estratégias são interessantes. No entanto, Mariana sabe que não é apenas uma escolha entre opções de investimento, e sim uma decisão estratégica que moldará o futuro da parceria com Eduardo. Ela quer garantir que essa seleção não seja apenas com base em dados financeiros, mas que também leve em consideração as nuances da relação, as expectativas do cliente e as oportunidades de crescimento a longo prazo.

A líder está determinada a trabalhar esses clientes – consciente de que, apesar de não terem um ticket médio enorme, formam uma parcela expressiva (30%) do seu *marketshare*. Ela compreende a importância de fornecer o melhor serviço possível, afinal, sabe que as empresas que assim agem aumentam, em sete vezes, as chances de retenção desses clientes e que essas melhorias – até mesmo as mais simples – podem ter impactos substanciais nos resultados financeiros.[74] Contudo, quais parâmetros usar para identificar as melhores soluções para o momento atual da empresa? Como dividir as tarefas?

---

[74] PARRISH, R. Gauge Your CX Management Maturity: the Assessment Report in the CX Transformation Playbook. **Forrester**, 19 jun. 2017. Disponível em: https://www.forrester.com/report/gauge-your-cx-management-maturity/RES137921. Acesso em: 17 mar. 2024.

Como priorizá-las? E mais: como convencer os diretores de que aquelas ideias contribuirão para o negócio? Como conseguir que invistam nos projetos, para que sigam adiante?

As dúvidas de Mariana podem ser as suas, por isso vamos tratar de todas neste capítulo.

O PROPÓSITO DE TODO NEGÓCIO É RENDER RESULTADOS FINANCEIROS.

NÃO INVESTIR TAMBÉM GERA CUSTOS

O propósito de todo negócio é render resultados financeiros. Sim, tem a questão de querer sanar as dores das pessoas, de colaborar com a comunidade, fazer do mundo um lugar melhor etc., mas isso deve vir atrelado a uma conta no azul. Então, quando sugerimos mudanças que demandam certo investimento – tanto de tempo quanto financeiro –, precisamos nos munir de argumentos, que devem apresentar os benefícios e o retorno financeiro que aquelas estratégias trarão para a empresa, mostrando que vale a pena investir na transformação da experiência do cliente.[75]

Tendo isso em mente, veremos dois conceitos cruciais: o ROI (*Return on Investment*, em português Retorno Sobre Investimento) e seu companheiro, o ROnI (*Return of Non-Investment*, em português Retorno Sobre Não Investimento). Ambas são métricas financeiras utilizadas para avaliar o desempenho e a eficiência de investimentos em uma organização. Apesar de estarem relacionadas ao retorno obtido em relação aos recursos investidos, elas diferem na forma como consideram os custos.

Enquanto o ROI avalia a eficiência de um investimento, expressando o retorno financeiro obtido em relação ao custo inicial do investimento, o ROnI leva em consideração não apenas o custo inicial

---

[75] SCHMIDT-SUBRAMANIAN, M. The ROI Of CX Transformation: the business case report in the CX transformation playbook. **Forrester**, 15 ago. 2019. Disponível em: https://fst.net.au/wp-content/uploads/The-ROI-Of-CX-Transformation.pdf. Acesso em: 17 mar. 2024.

do investimento, mas também os recorrentes ou adicionais associados à manutenção e operação do investimento ao longo do tempo.

Um bom resumo seria: enquanto o ROI lhe responde: "Se você vai investir X, você vai ganhar Y de retorno financeiro", o ROnI diz: "Sabia que se você não investir, isso gera um custo Y para você? Vai perder visibilidade da marca, colaborador, engajamento em redes sociais etc.". Ter essas informações não só é fundamental quando se está decidindo sobre o seu plano de ação (afinal, ele deve ser financeiramente realista e de acordo com os objetivos traçados lá no início), mas também para apresentar aos diretores C-level.

É interessante notar que no mercado muito se fala de ROI, e o ROnI fica em segundo plano, mas não deveria ser assim. Afinal, optar por dedicar recursos a algo novo pode custar caro, mas optar por não investir também tem um custo.

Ninguém tem dúvidas de que Apple, Google e Coca-Cola têm grande valor financeiro. No entanto, é importante considerar o seguinte: quão valiosa seria a Apple se não tivesse dedicado recursos significativos ao design e hardware do iPhone? Da mesma forma, o valor do Google seria bem diferente se não tivesse investido na experiência do usuário e no aprimoramento de seu algoritmo de busca. A Coca-Cola também viu seu valor aumentar ao apostar em estratégias de marca, incluindo anúncios caríssimos no Super Bowl. Embora a pergunta "Qual é o ROI?" seja relevante em algumas situações, a indagação "Qual é o ROnI?" é *sempre* relevante. Em um ambiente de negócios em rápida evolução e hipercompetitivo, adiar decisões relativas à mudança é o mesmo que não investir.[76] Isso deve ficar claro para os diretores C-level.

Apesar de não ser muito utilizado, o ROnI pode ser uma ótima maneira de justificar investimentos e, por isso, vale a pena explorar alguns diferentes contextos:

---

[76] WHAT'S the ROI? Wrong question! **The PM Group**, 2024. Disponível em: https://thepmgrp.com/news/whats-the-roi-wrong-question/. Acesso em: 17 mar. 2024.

1. **Custo de oportunidade:** pode ser utilizado para quantificar o custo de oportunidade de não investir em algo potencialmente lucrativo. Isso significa avaliar os ganhos que poderiam ter sido obtidos se o investimento fosse realizado. O "retorno" nesse caso seria negativo, representando a perda de lucros potenciais.
2. **Economia em custos:** em um contexto empresarial ou de gestão de projetos, o ROnI pode ser usado para avaliar os benefícios de não prosseguir com um investimento específico. Isso pode incluir a economia de recursos, a redução de custos e a alocação mais eficiente de capital.
3. **Impacto da inação:** o ROnI também pode ser utilizado para analisar o impacto da inação ou da falta de investimento em áreas estratégicas, como tecnologia, pesquisa e desenvolvimento, ou capital humano. A inação pode levar a oportunidades perdidas, desvantagem competitiva e até mesmo à obsolescência da empresa.
4. **Comparação com alternativas de baixo risco:** outra aplicação do ROnI é a comparação entre manter o dinheiro em investimentos de baixíssimo risco, como contas de poupança ou títulos do tesouro, e investir em opções mais arriscadas, porém com potencial de maior retorno. O "retorno" nesse caso seria a diferença entre os ganhos alcançados com investimentos seguros e os que poderiam ter sido obtidos com investimentos mais agressivos.

Embora o ROnI não seja um termo oficial, sua aplicação pode ser crucial para a tomada de decisões informadas e estratégicas nas áreas de finanças pessoais, negócios e estratégias de investimento.

"Beleza, Ricardo, entendi o que são essas métricas e como elas são importantes. Mas como de fato vou usá-las se não tenho algumas informações, como o lucro que as mudanças vão gerar, por exemplo?" Você trabalhará com estimativas dos benefícios e dos custos potenciais.

Mas, claro, com base em dados. Faça pesquisas de mercado e veja em empresas do seu ramo quais foram os resultados de algumas mudanças semelhantes à que você pretende adotar. Busque informações dentro da própria instituição. Levante os resultados de mudanças passadas. Isso vai lhe dar um norte com relação ao que esperar.

A seguir, dou mais algumas diretrizes sobre como planejar suas ações.

CLASSIFIQUE AS TAREFAS DE ACORDO COM AS ALAVANCAS

Entre as várias ideias de melhorias que você e sua equipe tiveram, algumas serão mais fáceis de serem colocadas em prática, enquanto outras vão demandar um pouco mais de esforço. Nos dois casos, é essencial analisar todas com atenção para não deixar passar nada que seja importante para a experiência do cliente.

Pensando nisso, vamos classificar essas ações. Gosto muito de usar como base o método da Forrester[77] de classificar as tarefas em seis alavancas que nos ajudam a perceber a importância das ações, a associá-las às pessoas responsáveis e a identificar aquelas que requerem mais esforço ou um maior custo de implantação. É importante ressaltar que elas não serão citadas por ordem de importância, pois sua relevância está associada aos objetivos de cada projeto, ok? As alavancas são:

Tecnologia

Envolve tarefas que demandam investimentos em tecnologia, como aquisição de software, desenvolvimento digital, entre outros. Por exemplo, se na sua empresa se usa um formulário de papel e é preciso digitalizar o processo, você pode usar algum recurso já existente lá, como o Microsoft Office ou algum software semelhante. O importante é ter em mente que nem sempre isso significa custo.

---

[77] QUINTANILHA, J. Have You Developed Your Journey-Centric Transformation Roadmap? **Forrester**, 23 nov. 2023. Disponível em: https://www.forrester.com/blogs/have-you-developed-your-journey-centric-transformation-roadmap/. Acesso em: 17 mar. 2024.

ADIAR DECISÕES RELATIVAS À MUDANÇA É O MESMO QUE NÃO INVESTIR.

O CAMINHO DO CLIENTE
@RICPENA

Estrutura

Engloba aspectos físicos, como aquisição ou modificação de espaços, para garantir uma boa experiência. Para isso, talvez você perceba que seja necessário abrir um escritório em algum local específico. Ou, então, por exemplo, consertar uma goteira que tem logo na entrada da empresa para o cliente não ser atingido com os pingos de água.

Veja que, apesar de vivermos em uma era digital, muitas vezes é a parte estrutural que nos encanta. Um exemplo: na Disney, a cada quinze passos há uma lixeira. E, para impedir que o lixo transborde e cause desconforto ao público, há uma equipe exclusiva de limpeza para fazer a coleta. Isso é comodidade, o cliente não corre o risco de sequer pensar em jogar lixo no parque.[78]

Outro exemplo prático está nos Correios, com a avaliação da necessidade de ter agências em determinadas regiões da cidade. Para melhorar a experiência do cliente, é construída uma nova agência, e isso aumenta a comodidade para o usuário dos serviços.

Processos

Refere-se a mudanças ou à criação de processos para otimizar a interação com o cliente e melhorar a experiência. Imagine que, em sua empresa, quando o cliente solicita uma proposta, é necessário que ela passe por dez áreas, e cada uma delas tem cinco dias para concluir a proposta. Ou seja, o envio do documento para o cliente pode demorar até cinquenta dias. Como é possível encurtar esse tempo? De repente, mudar o processo para que as etapas aconteçam simultaneamente enquanto o setor de Serviços está precificando, o de Produtos também está, porque um não depende do outro.

Pode acontecer de você inserir uma tarefa que, em um primeiro momento, não pareça ser de processo. Mas há um modo fácil de tirar

---

[78] LIÇÕES que aprendemos com o filme "Walt Disney antes do Mickey". **Dueto Assessoria**, 13 jun. 2022. Disponível em: https://duetoassessoria.com/licoes-do-filme-walt-antes-do-mickey/. Acesso em: 17 mar. 2024.

essa dúvida. Pergunte a si mesmo: "O que é necessário para implantar essa ação na empresa?". Se a resposta for "mudar um processo", bingo! Classifique como processo.

Cultura

Abrange mudanças na cultura da empresa, comportamento e liderança para promover a transformação desejada.

Talvez você perceba, em sua empresa, situações como: o gerente reclamando e falando mal do cliente. Bem, se a liderança não der o exemplo, fica complicado. Pela minha experiência, a maioria dos itens de cultura está associada à liderança da empresa. "Ih, Ricardo, mas como falar para o diretor que ele está sendo rude com o cliente? Vou ser demitido". Calma, você vai usar as palavras com sabedoria e muito *rapport*, dizendo a esse líder: "Fiz um estudo de mercado e percebi que esses problemas vão cessar se modificarmos a nossa maneira de nos relacionar com o cliente. E, para que essa mudança seja duradoura, precisamos que se comunique de modo diferente. Essa forma diferenciada criará uma cultura que potencializará a experiência do cliente".

Talentos

Envolve desenvolver as pessoas do time, proporcionando treinamentos e feedbacks para alcançar os objetivos. É pensar: *O que precisamos melhorar?*

Por exemplo: se você dá suporte a clientes, em sua maioria, do segmento financeiro, seria interessante fazer um treinamento básico de finanças, mais alinhado com a área deles. Falando a "língua" deles, a comunicação será muito mais eficiente.

Assim, os treinamentos serão para tudo o que tiver relação com desenvolvimento de aptidões.

Lembre-se de que, quando falamos de desenvolvimento de talentos, não queremos apenas desenvolver o lado técnico. Na experiência do cliente, por exemplo, além da parte técnica, é importante investir no conhecimento do cliente e nas expectativas dele. Ou seja, eu preciso diminuir a distância entre o quanto eu conheço sobre o meu cliente e o meu conhecimento técnico.

Métricas

São indicadores e métricas que precisam ser geradas para mensurar o sucesso das mudanças implementadas. Afinal, você precisa mostrar um antes e depois da implantação do seu plano de ação. Então, quer melhor maneira do que explicitar, com números, que as mudanças desejadas estão acontecendo?

Você perceberá, durante o mapeamento da jornada, o quanto as empresas falham com relação a métricas. Venho ratificando, ao longo do livro, o quanto as métricas são importantes, mas vejo na prática que as companhias não costumam ter boa parte delas.

Ao falar de métrica, não queremos nos limitar apenas a NPS e CSAT, e sim ir além, estudando tudo o que pode colaborar com a nossa análise daquele momento. Podemos utilizar vendas por indicação, custo por projeto ou qualquer outra métrica que some para a experiência do cliente.

Bem, com as alavancas desenhadas, é hora de compartilhar com os demais envolvidos no projeto. Caso perceba que algumas tarefas exigirão mais engajamento, convide outras pessoas a fim de garantir que as atividades sejam colocadas em prática de maneira eficaz. Além disso, é recomendável compartilhar as ações com toda a empresa. Isso cria compromisso e evita a famosa "procrastinação corporativa". Transforme algumas tarefas relevantes em um infográfico para facilitar o entendimento.

QUAL É O ESFORÇO, CUSTO E BENEFÍCIO?

De novo, vamos reunir o time e, dessa vez, pedir a colaboração dele para definir o esforço, custo e benefício das ações para o cliente em cinco categorias: em muito alto, alto, médio, baixo e muito baixo. Essa etapa é fundamental, pois é com base nela que vamos estabelecer prioridades.

Esforço

É possível mensurar o esforço para se concluir as tarefas em termos de horas, dias ou pessoas envolvidas.

Assim, ao elaborar o projeto, é preciso detalhar as suas necessidades com relação a isso. É nesse momento que você realiza a classificação, ponderando o impacto financeiro e determinando o posicionamento em relação aos recursos disponíveis.

Gosto bastante de citar o exemplo de uma fintech que ajudamos. Realizamos uma ação no caixa das lojas: sempre que algum cliente pagasse com o cartão de crédito da instituição, o atendente de caixa sorriria e lhe agradeceria por ter escolhido utilizar aquele cartão. Percebe como essa ação não tem custo para o cliente e proporciona um benefício positivo, gerando uma exposição favorável? É uma maneira legal de elogiar o uso do cartão, criando uma interação positiva com zero custo, zero esforço e muitos benefícios para o cliente.

Custo

Algumas mudanças podem ser realizadas sem custos adicionais, como ajustes culturais, dependendo mais de conscientização do que de um investimento tangível. Por outro lado, certas melhorias podem envolver despesas, como a aquisição de sistemas ou ajustes estruturais, resultando em custos financeiros adicionais. Portanto, é fundamental analisar cuidadosamente os aspectos financeiros das ações.

As classificações do custo (as cinco categorias já citadas) devem ser adaptadas seguindo alguns critérios, o que evitará ambiguidades sobre o que é considerado caro ou barato. É possível utilizar valores de referência, como considerar algo acima de 100 mil reais como "muito alto" e, abaixo de 100 reais, como "muito baixo". Esses limites, claro, variam conforme as características e o porte da empresa.

Benefício

O terceiro e último ponto é avaliar o benefício para o cliente. Esse aspecto costuma demandar mais atenção, pois as pessoas costumam

ter dificuldades em mensurá-lo. Para superar esse desafio, indico três pontos:
- Primeiro, reveja as pesquisas que você fez ao interagir com os clientes. Isso o ajudará a identificar oportunidades que podem aumentar as vendas e trazer benefícios para eles. Mas fique atento: nem todas as sugestões dos clientes trarão vantagens significativas. Algumas podem ser legais de se adotar, mas não necessariamente farão a pessoa comprar mais.
- Segundo, deixe para depois as ideias que têm benefícios baixos para o cliente, e escolha priorizar as mais importantes. Busque cases de sucesso no mercado. Analise o que outras empresas fizeram, tanto no Brasil quanto fora e, se tiver experiências próprias, melhor ainda. Se já trabalhou em projetos parecidos, destaque esses casos. Isso valida suas ideias e mostra que você tem experiência.
- O terceiro ponto importante é voltar a conversar com o cliente. Pergunte a ele: "Lembra daquele projeto em que você nos ajudou? Estamos avançando e, agora, precisamos decidir o que é mais importante para melhorar sua vida e proporcionar experiências legais para você. Posso lhe fazer algumas perguntas?" O feedback dos clientes é muito valioso, pois, quanto mais pessoas você ouvir, mais confiante ficará para seguir em frente com os planos.

Ainda sobre pensar no benefício para o cliente: às vezes, nos concentramos muito em investimentos tecnológicos. É importante considerar se esses investimentos realmente melhoram a experiência do cliente. Algumas empresas costumam seguir tendências, investindo em tecnologias da moda, como Inteligência Artificial, sem garantir um benefício tangível para o cliente. É mais eficaz avaliar se o investimento em tecnologia trará benefícios reais antes de gastar milhões.

"Nossa, Ricardo, é muita coisa para classificar!". Como sempre, estou aqui para ajudar. Você pode usar um formulário simples para organizar essas ideias antes de lançá-las em um sistema. Um exemplo de planilha básica, seria a seguinte:

Iniciativa	Benefícios	Estrutura	Cultura	Talento	Métricas	Processos	Tecnologia	Custos	Esforço
Nome da iniciativa 1	Lista de benefícios	Sim/Não	Sim/Não	Sim/Não	Sim/Não	Sim/Não	Sim/Não	Sim/Não	Sim/Não
Nome da iniciativa 2	Lista de benefícios	Sim/Não	Sim/Não	Sim/Não	Sim/Não	Sim/Não	Sim/Não	Sim/Não	Sim/Não

Concluída essa etapa, vamos para a próxima: aprender como utilizar todos esses parâmetros para priorizar as ações. Percebe como está quase chegando a hora de encantar, de agradar, de criar experiências memoráveis para o nosso cliente?! Animação define!

PRIORIZE!

Agora que chegamos tão longe e já mapeamos não apenas a nossa jornada futura, mas também identificamos as ações que vão beneficiar o cliente, é hora de decidir por onde começar. Estamos prestes a colocar em prática as ações mapeadas.

Começamos criando uma matriz de priorização, que basicamente combina duas linhas: uma representando custo e esforço do projeto, e a outra o benefício para o cliente. Quanto maior o benefício e menor o custo e esforço, maior será a prioridade. Assim, se uma ação tem custo e esforço baixos, e traz vantagens significativas para o cliente, podemos colocá-la em prática imediatamente. Veja o gráfico ilustrativo a seguir:

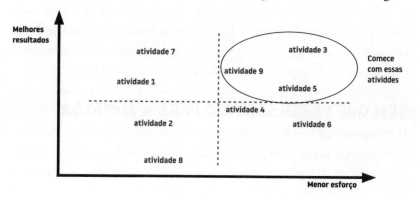

Você pode usar essa matriz para mostrar às pessoas por que essas tarefas foram escolhidas, o que ajuda no engajamento e na organização do projeto. Legal, não?

Então, a sua tarefa agora é montar a matriz com base nas informações que você já possui. Na PeopleXperience, costumamos gerar isso automaticamente e filtrar por alavanca – tecnologia, cultura, processo, métrica, estrutura ou talento. No entanto, você pode usar uma planilha ou até mesmo um papel. O importante é criar uma representação visual para explicar suas escolhas.

Em um projeto de mapeamento do cliente, muitas vezes listamos centenas de tarefas. Para evitar sobrecarga, vamos priorizar e começar com um número menor, entre cinco e quinze tarefas. Isso já fará grande diferença no relacionamento com o cliente.

Uma vez definida a matriz de priorização, o próximo passo é associar as tarefas às pessoas responsáveis, e não a equipes ou áreas. Claro que, muitas vezes, esses escolhidos podem precisar de ajuda de colegas, até mesmo de outros setores. Tudo bem quanto a isso, porém é importante deixar claro que esses indivíduos específicos respondem por aquela demanda.

Após atribuir as tarefas aos seus respectivos responsáveis, peça-lhes um prazo de conclusão. Isso ajuda a manter o projeto no prazo. E, para acompanhar o desenvolvimento do projeto de perto e garantir que não fique parado, estabeleça reuniões curtas, preferencialmente quinzenais ou mensais, até para oferecer ajuda ou identificar pontos que carecem de nova abordagem. E, ao término de uma tarefa, não se esqueça das evidências que validam o trabalho realizado. Essas validações de resultados são importantes para engajar a equipe e mostrar a toda a empresa a importância da experiência do cliente!

TEM QUE FAZER SENTIDO PARA A EMPRESA

É fundamental construir um projeto que se encaixe bem no cotidiano da empresa. Isso significa criar algo que faça sentido e não atrapalhe as atividades normais. Quando o projeto se mistura, naturalmente, ao que já é feito todos os dias, como no conceito de *business as usual*,⁷⁹ as pessoas o aceitam melhor. Elas veem as ações do projeto como parte do trabalho diário, evitando a sensação de esforço extra.

Incorporar as estratégias de experiência do cliente ao dia a dia da organização é tão essencial quanto tarefas comuns, como preencher planilhas internas. Imagine se, da mesma forma que atualizamos nossos registros, cultivássemos também a satisfação do cliente como um hábito intrínseco? Seria maravilhoso, não?

"Seria", não. Vai ser, pois é para isso que estamos aqui, certo? Fazer da experiência do cliente uma realidade na sua empresa e na sua vida!

Mas... e a Mariana, hein? Como será que ela e a equipe estão se saindo ao planejar as ações e priorizar as tarefas?

Por muitos motivos, Mariana já se sente vitoriosa. Mas há um em especial. Para quem assumiu a liderança do setor de CX para "tampar buraco", ver a equipe e os diretores C-level engajados é uma satisfação e tanto! Após essa sessão de alinhamento de projeto, ela constatou que um dos seus objetivos foi alcançado: a cultura da empresa começa a dar uma guinada, passando a focar a experiência do cliente, e essa líder não poderia estar mais feliz.

Mariana e seu time conseguiram priorizar as várias tarefas de implantação da jornada futura, e algumas mais simples já estão em andamento. Aquelas três mais complexas, citadas no início deste capítulo, foram analisadas a fundo. Embora uma tenha sido descartada neste momento (a de "Descontos por Fidelidade"), por requerer estudos mais profundos, a fim de certificar-se da viabilidade e do real benefício para o cliente, as outras duas foram adiante: "Treinamento

---

[79] "Negócios como de costume" é uma tradução para o português de "*business as usual*". Essa expressão descreve a rotina operacional padrão de uma organização. Em termos simples, BAU se refere às atividades e aos processos diários essenciais para garantir o funcionamento eficaz de uma empresa, sem grandes alterações ou interrupções.

Especializado", para implementação o quanto antes, e "Programa de Atendimento Personalizado", para daqui a quatro meses.

Na de "Treinamento Especializado", por exemplo, eles identificaram que poderiam usar recursos próprios, o que teria baixo custo e esforço, mas alto benefício, ao promover workshops para os clientes. Nesses eventos realizados na própria sede, decidiram chamar cinco clientes por vez e, além de lhes mostrar as instalações do lugar, vão lhes apresentar detalhadamente as soluções avançadas oferecidas com seus produtos. Mariana, assim como os demais, tem certeza de que isso vai reforçar o relacionamento e elevar a percepção de valor dos serviços que oferecem.

Tudo está caminhando, ou melhor, navegando rumo à terra que Mariana almeja desde o início deste livro. Acredito que você também esteja se sentindo assim com o que tem aprendido até aqui. Mas ainda é preciso verificar alguns detalhes importantes sobre CX, e um deles tem a ver com o quadro funcional. Sim, porque é impossível pensar em experiência do cliente sem pensar na experiência do colaborador. Surpreso? Então, vá para o sexto passo.

É FUNDAMENTAL CONSTRUIR UM PROJETO QUE SE ENCAIXE BEM NO COTIDIANO DA EMPRESA. ISSO SIGNIFICA CRIAR ALGO QUE FAÇA SENTIDO E NÃO ATRAPALHE AS ATIVIDADES NORMAIS.

O CAMINHO DO CLIENTE
@RICPENA

09.
PASSO 6: GERE RESULTADOS RECONHECENDO E ENGAJANDO OS COLABORADORES

"O ENGAJAMENTO DOS FUNCIONÁRIOS NÃO É UM PROGRAMA, É UMA CULTURA."
Jack Welch[80]

---

[80] WELCH, J.; WELCH, S. **Winning**. Nova York: HarperCollins, 2005.

Ao terminar a aula do curso de CX, João teve um insight. Enquanto cruzava a recepção da empresa em direção ao seu posto de trabalho, uma frase, em especial, martelava em sua mente, com uma energia contagiante. Ele mal podia conter a ansiedade de compartilhá-la com seus dois colegas.

No entanto, como a rotina do expediente era corrida, teria que esperar o intervalo do lanche para trocar ideias, mesmo que rapidamente. Enquanto isso, ele refletia sobre o estado atual do seu setor, pensando como as engrenagens estavam operando – ou, melhor dizendo, falhando. Nos últimos dias, a proximidade crescente com seus colegas proporcionou conversas profundas sobre os desafios e as nuances do dia a dia do setor.

Entre uma troca e outra de experiências, João percebeu que não era o único a suportar o peso da sobrecarga, inclusive soube pelos colegas que algumas pessoas da equipe já consideravam a possibilidade de abandonar o barco.

A percepção de que algo precisava mudar impulsionou João a levar essa realidade para o gerente. Porém, a incerteza sobre a reação do líder pairava no ar.

Enquanto João pensava na melhor maneira de abordá-lo, lembrou-se de uma época em que o chefe era menos inflexível. Essa recordação o despertou para a noção de que talvez seu gerente estivesse enfrentando as próprias batalhas. *Estamos do mesmo lado da trincheira*, João pensou. Então começou a traçar mentalmente uma estratégia para compartilhar com o chefe não apenas as descobertas sobre CX, mas também para construir uma ponte de diálogo entre líder e equipe.

"Não existe experiência do cliente sem experiência do colaborador." Essa foi a frase que serviu de gatilho para o insight do jovem, tornando-se âncora para suas próximas ações. Ele a vê como um chamado para transformação, uma oportunidade de unir forças, resgatar a conexão perdida e redefinir o setor e o futuro da equipe.

Eu entendo a animação de João. Ver como a experiência do cliente está intimamente ligada à experiência do colaborador (EX, do inglês *employee experience*) é um sopro de vida em meio a um mercado por vezes com discursos vazios, atitudes "só para inglês ver" de empresas visando somente criar uma imagem positiva e ganhar a aprovação pública. Entenda, nada contra buscar isso, mas, quando o único intuito é ganhar elogios de colaboradores nas redes sociais, a estratégia não se sustenta em longo prazo. É preciso criar uma cultura com colaboradores engajados e munidos de ferramentas, pois assim eles trabalharão de maneira mais inteligente e eficiente para conquistar, atender e reter clientes.

E esse é o tema do sexto passo do método. Vamos lá?

PREZE PELO BEM-ESTAR DO COLABORADOR

O primeiro passo para se adotar uma cultura de valorização da experiência do colaborador é… pesquisar, claro! Você já deve saber a esta altura a importância dos dados em CX. Ao avaliar a experiência atual sob a perspectiva dos funcionários, é possível desenvolver estratégias personalizadas para aprimorar a experiência dos colaboradores de modo significativo e impactante.

Como resultado dessa iniciativa, promovemos o bem-estar dos funcionários, elevamos os índices de retenção, além de consolidar uma entrega excepcional da experiência do cliente. Esse esforço vai não apenas fortalecer a nossa marca como também impulsionar melhorias nos resultados financeiros da empresa.

Você pode dizer: "Ah, então tem a ver com dinheiro…" Sim, mas não só isso. Não fazemos um CX cheio de romantismos, lembra? Assim, é preciso estar ciente de que adotar o EX criará um ambiente de trabalho mais saudável e impulsionará o sucesso e a sustentabilidade em longo prazo da organização. E, se podemos unir o útil ao agradável, que mal há? É uma situação ganha-ganha.

Sobre os dados iniciais a serem levantados para se adotar uma cultura de EC, a Forrester[81] destaca os seguintes pontos:

- Entender como os colaboradores se sentem é crucial. Um melhor desempenho está atrelado a um estado emocional positivo. Então, explore em suas perguntas questões como orgulho, energia e comprometimento com o crescimento.
- É importante deixar claro na pesquisa a relação entre a experiência do colaborador e os resultados desejados pela empresa, proporcionando uma visão mais abrangente do que deve ser melhorado.
- Assumir que muitos obstáculos enfrentados pelos colaboradores podem ser causados por questões que estão além do controle deles é essencial. Identifique quais são essas barreiras, por meio de pesquisas que questionam se o colaborador acredita que a empresa propicia um ambiente que favorece a produtividade e se é eficaz em ajudar as pessoas a viver de acordo com seus valores fundamentais.
- Entenda as variações que há entre os setores, os ambientes físicos e os cargos. É preciso levar em consideração diferentes contextos, pois nem sempre o que funciona em uma área é aplicável às demais. Essa atitude evita que líderes imponham suas próprias percepções a outras áreas e mesmo a colaboradores.

Mais uma vez, é preciso adotar aquele movimento de fora para dentro. O importante nesta etapa é a percepção dos colaboradores, não o que você (ou a liderança) pensa a respeito do que eles acham. Ao longo do processo, você encontrará lacunas, pontos de melhorias a serem trabalhados de modo a engajar o funcionário. A questão é: quais fatores ajudam ou prejudicam a experiência dos funcionários?

---

[81] BRODEUR-JOHNSON, D.; STERN, S. Introducing Forrester's Employee Experience. **Forrester**, 14 fev. 2019. Disponível em: https://www.forrester.com/report/Introducing-Forresters-Employee-Experience-Index/RES137819. Acesso em: 17 mar. 2024.

A Forrester[82] também destaca três elementos cruciais que colaboram positivamente para a experiência do colaborador. Em primeiro lugar, funcionários envolvidos precisam se sentir seguros psicologicamente no ambiente de trabalho, ou seja, estar à vontade para ser vulnerável e assumir riscos diante dos colegas.

Outro ponto é oferecer um ambiente que não sugue a energia do colaborador. Profissionais engajados precisam de uma rotina de sono e alimentação saudáveis. Descansados, eles são capazes de lidar com os desafios do cotidiano com muito mais eficiência. Algumas empresas, por exemplo, reduziram o tempo de duração de reuniões, pois identificaram que consumia boa parte da energia de seus colaboradores – e convenhamos, boa parte das reuniões não é objetiva. A mudança acarretou um ambiente laboral mais produtivo.

Por fim, o crescimento profissional é um terceiro pilar. Colaboradores comprometidos investem tempo e esforço para aprimorar seu desempenho por meio de aprendizado contínuo. Buscam ativamente feedback dos líderes, participam de certificações e cursos para desenvolver habilidades que impulsionam a produtividade. Além de alcançarem um desempenho superior, esses profissionais demonstram disposição para enfrentar tarefas desafiadoras, valorizando o aprendizado, mesmo diante da possibilidade de fracasso.

EMPODERE, INSPIRE E FORNEÇA FERRAMENTAS

Na Avaya, há o Prêmio José Wilson Nogueira, em homenagem a um colaborador que faleceu em um acidente aéreo da TAM em Congonhas há muitos anos. Como esse trabalhador era excelente no relacionamento com clientes e na entrega de serviços, o prêmio era destinado a quem se destacava na área de serviços, abrangendo suporte, implantação, gerência de projeto, entre outros. Embora não viesse com um aumento salarial ou bônus em dinheiro, o vencedor recebia um troféu na frente de toda a empresa. Era um reconhecimento anual, com os nomes dos

---

[82] BRODEUR-JOHNSON, D.; STERN, S. *op. cit.*

vencedores registrados em um quadro na entrada da organização. Eu me lembro de almejar esse prêmio, e esse desejo não era apenas meu, e sim da maioria dos colegas da área de serviços. Afinal de contas, esse era o reconhecimento mais importante da empresa. Apesar de ter recebido muitos outros prêmios – como um em reconhecimento a um grande projeto no HSBC em Curitiba, com direito a um bônus em dinheiro –, nenhum reconhecimento superava em vontade o Prêmio José Wilson Nogueira. Esse prêmio era mais valioso do que dinheiro, pois criava uma cultura de valorização das ideias e contribuições das pessoas.

> **A VERDADE É QUE O BEM-ESTAR DAS PESSOAS PASSA POR OUTRAS QUESTÕES, E UMA DELAS TEM A VER COM PROPÓSITO, COM SE SENTIR ÚTIL E VALORIZADO.**

Por favor, não me entenda mal, eu adoro ganhar prêmios e reconhecimento em dinheiro, jamais os renuncio. Porém, consigo valorizar também os sem recompensa monetária.

A verdade é que o bem-estar das pessoas passa por outras questões, e uma delas tem a ver com propósito, com se sentir útil e valorizado.

A Forrester cita alguns fatores principais que geram profissionais felizes no trabalho e, consequentemente, mais engajados. Vamos analisar cada um deles a seguir.

EMPODERAMENTO

Essa palavra está em alta. Ao mesmo tempo que isso é bom, para que muitas pessoas tenham ciência de sua importância, é ruim por ser tão usada e acabar sendo banalizada.

O termo "empoderamento"[83] vem do inglês *empowerment*, que, entre vários significados, abrange a ideia de conceder autoridade ou

---

[83] VICENZO, G. Destretando. **Ecoa**, 4 jan. 2022. Disponível em: www.uol.com.br/ecoa/ultimas-noticias/2022/01/04/hoje-fala-se-muito-sobre-empoderamento-o-que-significa-o-conceito.htm. Acesso em: 17 mar. 2024.

poder a alguém para realizar ações específicas. Tem a ver com a pessoa adquirir consciência de sua identidade individual e do seu papel dentro do grupo ao qual pertence. Nesse processo de autoconhecimento, autoaceitação e autoconfiança, as pessoas se orgulham de quem são, de onde vêm e de suas características únicas; o que, de igual modo, resulta em benefícios para o grupo.

Empoderamento é o elemento mais importante entre os três fatores de engajamento dos colaboradores, pois estabelece as bases psicológicas para a satisfação no trabalho, o empenho profissional e a criatividade. E quem é o responsável por conceder tal poder para os colaboradores? Acertou se pensou em líderes. É um movimento que vem bem de cima – C-level, afinal, líderes também são liderados em algum momento. Foi isso, aliás, que João percebeu com relação ao seu gerente, recorda-se?

Alguns exemplos de práticas empoderadoras são: dar autonomia para os colaboradores, de modo que decidam a melhor forma de trabalhar; reconhecer seus esforços, entregar feedback, elogiar, oferecer prêmios; informar o que se espera deles e como o seu trabalho contribui para o sucesso da empresa; oferecer um ambiente em que possam ser produtivos (seguro, energizante e pró-conhecimento); e possibilitar oportunidades de desenvolvimento.

INSPIRAÇÃO

A pesquisa da Forrester revelou também que a crença na missão, nos valores da empresa e nos gestores que servem de inspiração para os colaboradores contribui para o empenho dos profissionais. Ou seja, todo mundo tem que "respirar" a cultura da empresa. Mais uma vez, exemplo de cima para baixo. Não adianta ter um gerente que fale "Ame o cliente, tenha paciência e faça um trabalho bem-feito", e ele não internaliza tais atitudes, é explosivo e impaciente com a equipe.

Refletindo sobre esse fator, é preciso trabalhar de modo a proporcionar um ambiente em que o feedback para os gestores seja constante e que haja inovação. Uma empresa voltada para o futuro e que age de modo ético, ajudando os funcionários a viver os valores dela e os próprios, serve de inspiração para se buscar sempre mais, gerando resultados positivos para a empresa, o quadro funcional e os clientes.

FORNECIMENTO DE FERRAMENTAS

Imagine a situação: você trabalha no Call Center, e, do outro lado, há um cliente que já esperou dez minutos para ser atendido, com uma demanda urgente. Para piorar, o sistema está lento, só faltando rodar à manivela. Já se passaram cinco minutos do atendimento, e você sequer conseguiu abrir o chamado. Você já escuta algumas respirações mais profundas do cliente, a voz dele começando a demonstrar impaciência, e sabe que não vai tardar para ele se estressar para valer.

Com certeza, é uma situação péssima para quem ligou para a central. Mas já parou para pensar o quanto é ruim para o atendente? Ele está, com toda a disposição de sanar aquela dor da pessoa, contudo, simplesmente, é impedido. O sistema não está colaborando. Aquela máquina na qual ele trabalha deveria ter sido atualizada, mas não foi. Ele, inclusive, já havia aberto uma ordem de serviço para o TI uma semana atrás, porém nada foi resolvido.

Eu pergunto: como se manter engajado assim?

Recursos – incluindo a tecnologia – afetam o engajamento dos colaboradores. Eles precisam ter acesso à parte física – um ambiente ergonômico, máquinas e sistemas funcionando plenamente etc. –, além de acesso fácil a informações essenciais para a realização das suas atividades laborais.

Outras práticas que geram engajamento dos colaboradores com relação a esse fator são: ver o departamento de TI como um aliado que criará soluções que ajudarão na produtividade; oferecer treinamento sobre a tecnologia utilizada; adotar tecnologias e equipamentos certos, que auxiliem no desenvolvimento das tarefas.

Em geral, quando levanto essas questões em palestras, vejo algumas expressões de ceticismo. Sei que não vai demorar para algum corajoso levantar o braço e pedir a palavra, dizendo mais ou menos o seguinte: "Ok, Ricardo, entendi tudo, é preciso fornecer um ambiente seguro, fomentar o aprendizado e otimizar tarefas para focar o que é mais importante, além de empoderar o colaborador, inspirá-lo e fornecer recursos para que desempenhe sua função com excelência. De fato, são fatores importantes em qualquer empresa. Porém, todo mundo sabe que as pessoas são motivadas de verdade quando recebem prêmios em dinheiro ou viagens..." E das duas uma: ou quem levantou a mão não tem orçamento para isso; ou até tem, mas não sabe o que oferecer além disso (ou mesmo parar com a prática).

Vamos falar sobre essas questões a seguir.

NEM SÓ DE DINHEIRO VIVERÁ O HOMEM

Todo mundo gosta de, no fim do mês, ver um bônus na conta-salário. Quem vai sair por aí rasgando ou recusando dinheiro honesto, fruto do próprio suor? Ninguém em sã consciência faria isso. Mas acredite em mim quando afirmo que nem sempre os incentivos financeiros são a melhor saída.

As empresas costumam recorrer a essa prática, pois acreditam em alguns mitos.[84]

1. **Mito do sinal:** acreditar que os incentivos mostram compromisso com a experiência do cliente, quando, na verdade, podem não refletir um foco real no cliente, e, no pior dos casos, indicar falsa preocupação.
2. **Mito da eficácia:** a ideia de que os incentivos funcionam ao mudar comportamentos, quando, na realidade, muitas vezes têm efeitos adversos em longo prazo, prejudicando a empatia e a colaboração.
3. **Mito da motivação:** a crença de que incentivos monetários

---

[84] SCHMIDT, M.; STERN, S. Why Paying Employees for Delivering Good CX is a Bad Idea. **Forrester**, 11 jun. 2018. Disponível em: https://www.forrester.com/blogs/dontpayforgoodcx/. Acesso em: 17 mar. 2024.

motivam os funcionários, ignorando o que realmente os motiva, como progresso significativo e propósito no trabalho.
4. **Mito do controle:** a ideia de que é possível ajustar os incentivos para eliminar a manipulação, quando, na verdade, qualquer mudança provavelmente levará os funcionários a encontrar novas maneiras de contornar o sistema.
5. **Mito da reestruturação:** acreditar que é possível ajustar o sistema de incentivos para eliminar a manipulação, quando, na realidade, cada mudança para tornar o sistema à prova de manipulação provavelmente levará os funcionários a encontrar novas maneiras de contornar o sistema.

A questão é que oferecer somente incentivos monetários aos colaboradores não é uma boa ideia, há riscos.

Os principais problemas incluem comportamentos negativos dos colaboradores, como manipular as métricas, concentrar-se demais nas pontuações em vez de nos clientes e criar um ambiente no qual ninguém se sente motivado e todos estão desconfiados. Contar muito com recompensas em dinheiro também pode causar desentendimentos internos, resistência a mudanças e distração do que, de fato, motiva a oferecer um serviço que pensa no cliente.

Por exemplo, o colaborador pode tentar influenciar o cliente a lhe dar uma nota máxima na pesquisa de satisfação sobre o atendimento dele. "Poxa, poderia me dar um dez? Preciso para bater a meta." É uma atitude reprovável, pois, além de deixar o cliente em uma "sinuca de bico", sentindo-se impelido a fazer uma avaliação com a qual talvez não concorde, está deturpando as métricas – afinal, pode estar encobrindo algum *gap* a ser melhorado. Isso quando o colaborador não questiona o procedimento adotado, mas não visando ao benefício do cliente, e sim o próprio.

Além disso, esse tipo de incentivo pode fazer com que os profissionais não tenham um desempenho tão bom em qualidades importantes em longo prazo, como empatia, colaboração, criatividade e proatividade.

Pense no seguinte: se o gestor oferece um bônus de 500 reais a um colaborador se ele fechar um negócio, o funcionário já calcula: o fim de semana que talvez fique comprometido, longe da família, o deslocamento para o outro lado da cidade para conversar pessoalmente com o cliente, conhecido por ser de difícil trato etc. No final, ele pode chegar à conclusão de que simplesmente não vale a pena o esforço – e está no direito dele. A questão é: se for dar incentivo monetário, deve ser algo bem elaborado. Pois, dependendo das circunstâncias, pode nem fazer diferença o que é ofertado, comprometendo, assim, a qualidade da entrega.

"Ah, meu Deus, Ricardo, e agora? Esse é o único tipo de incentivo que adoto. O que faço? Descarto tudo? Mas e os colaboradores que já estão acostumados com esses bônus?" A saída é retirar esses incentivos de modo gradual, por isso a sugestão é:

1. Estimar o quanto a empresa gasta hoje com os incentivos monetários para a experiência do cliente e avaliar o êxito de cada componente do sistema de compensação e recompensas.
2. Sugerir alternativas para investir o dinheiro economizado com o corte dos incentivos, como aumentar o salário base dos funcionários ou financiar incentivos entre colegas.
3. Considerar retirar os incentivos de forma gradual, começando por eliminar os individuais e, em seguida, passando para aqueles coletivos (como os de equipe), até finalmente chegar aos da alta administração.

Claro que você não vai precisar cortar todos os bônus, mantenha apenas aqueles com eficácia comprovada. E, para mitigar o efeito negativo que esses incentivos podem causar, adicione critérios mínimos de experiência do cliente a que os colaboradores devem atender para se qualificarem para receber a bonificação.

Como eu disse no intertítulo: nem só de dinheiro vive o homem. Então, quais são as nossas opções de estratégias de reconhecimento dos colaboradores?

O QUE FAZER PARA MOTIVAR A EQUIPE?

As alternativas[85] a seguir visam motivar a equipe a fornecer uma excelente experiência do cliente sem depender de incentivos monetários, promovendo uma cultura centrada no cliente e evitando os impactos causados por eles.

1. Líderes devem abrir mão do controle, criando condições favoráveis para o crescimento da equipe.
2. Deixe claro para os colaboradores o que a empresa entende como sucesso e os capacite para alcançá-lo, com metas claras e possíveis, e fornecendo oportunidades para que desenvolvam novas habilidades.
3. Não poupe elogios! Use-os para reforçar comportamentos desejáveis e motivar a equipe a continuar entregando uma ótima experiência do cliente.
4. Reconheça aquele desempenho excepcional dos colaboradores, destacando e recompensando os esforços deles. A Zappos – varejista on-line estadunidense de calçados e roupas –, por exemplo, introduziu os Zollars, uma forma inovadora de reconhecimento, permitindo que colaboradores e gerentes reconheçam os próprios colegas. Os Zollars podem ser trocados por brindes, ingressos de cinema, doações para instituições filantrópicas ou participação em sorteios de prêmios maiores.

Um exemplo de reconhecimento fantástico é o famoso crachá azul da Disney. Não é apenas um acessório; é um testemunho do compromisso incomparável, da paixão pelo cliente e da excelência criativa. Concedido exclusivamente aos membros do *cast* que são agraciados com o prestigiado Prêmio Legado Walt Disney, a peça é mais do que um objeto de identificação; é uma honraria que distingue aqueles que ultrapassaram todos os limites para promover a missão da empresa de sonhar, criar e inspirar.

---

[85] SCHMIDT; STERN. *op. cit.*

Desde a sua introdução, em 2011, o crachá é utilizado como o maior reconhecimento dentro do universo da Disney, simbolizando uma conquista a que poucos podem aspirar, e ainda menos alcançar. Essa distinção é o resultado de uma seleção rigorosa, uma homenagem aos que dedicam a vida à arte do encantamento e vivem os valores fundamentais que Walt Disney prezava. Aqueles que ostentam o crachá azul são considerados visionários, incansavelmente empenhados em criar experiências icônicas para todos que cruzam os portões dos parques, enfrentando desafios imensos com um sorriso genuíno e uma determinação inabalável.

O processo para recebê-lo é tão exclusivo quanto a honra em si. É preciso se destacar entre mais de 200 mil colaboradores dedicados, e a nomeação ocorre por colegas do Cast Members, seguida por uma avaliação meticulosa e por um painel de juízes, elevando os escolhidos a um status lendário dentro da comunidade Disney.

Portanto, na próxima vez que você visitar o reino mágico da Disney e encontrar um Cast Member com um crachá azul cintilante, saiba que está diante de uma verdadeira lenda de profissionais que mantêm a chama da imaginação e são a própria essência da magia da Disney. Estes levam adiante o legado de Walt Disney com cada gesto, sorriso e momento "uau".

Depois de tudo o que vimos, você entende por que a cabeça de João quase "explodiu" na aula sobre experiência do colaborador, não? Agora, ele e os colegas estão pensando em soluções para o setor que visem ao bem-estar da equipe, ao desenvolvimento profissional e a uma comunicação eficaz, de modo que envolva a todos ativamente na construção de uma cultura organizacional centrada no cliente.

Bem, o trio está se preparando para falar com o gerente deles. Qual será o resultado dessa conversa?

Vamos descobrir isso no próximo capítulo, quando tratarmos do último passo!

EMPODERAMENTO É O ELEMENTO MAIS IMPORTANTE ENTRE OS TRÊS FATORES DE ENGAJAMENTO DOS COLABORADORES, POIS ESTABELECE AS BASES PSICOLÓGICAS PARA A SATISFAÇÃO NO TRABALHO, O EMPENHO PROFISSIONAL E A CRIATIVIDADE.

O CAMINHO DO CLIENTE
@RICPENA

10.

PASSO 7: NADA É TÃO BOM QUE NÃO POSSA MELHORAR — HORA DE INOVAR E SE TORNAR UMA REFERÊNCIA

"O QUE QUER QUE VOCÊ FAÇA, FAÇA BEM. FAÇA ISSO TÃO BEM QUE, QUANDO AS PESSOAS VIREM VOCÊ FAZER ISSO, ELAS VÃO QUERER VOLTAR E VER VOCÊ FAZER ISSO DE NOVO E VÃO QUERER TRAZER OS OUTROS E MOSTRAR A ELES O QUÃO BEM VOCÊ FAZ O QUE FAZ."

Walt Disney[86]

---

[86] LIÇÕES que aprendemos com o filme "Walt Disney antes do Mickey". *op. cit.*

Durante uma consultoria, um dos diretores da empresa aproveitou que estávamos ainda a sós, aguardando os demais para iniciar uma reunião e comentou: "Sinceramente, Ricardo, o seu trabalho é muito consistente. Potencializou o que já era bom e preencheu bastante as nossas lacunas. Agora as coisas estão caminhando bem. Não precisaremos mexer em mais nada daqui para a frente".

Quando eu ia responder, as outras pessoas chegaram, e guardei aquilo para mim. Meu objetivo naquele encontro passou a ser, além de demonstrar os resultados do trabalho já existente, mostrar o quanto se contentar com o bom – que, infelizmente, é mais comum do que você imagina – é uma visão equivocada.

Esse pensamento pode trazer sérias consequências para o negócio e ser o pior inimigo da experiência do cliente. Hoje você pode estar bem, mas e em longo prazo? Será que conseguirá se sustentar com as mesmas métricas, os mesmos processos, as mesmas ações? Já vimos o quanto o mercado muda, e quem não o acompanha fica para trás. O que mais temos são exemplos de empresas que se acomodaram e saíram do mercado...[87]

---

[87] Dois exemplos conhecidos são a Kodak e a Blockbuster. No caso da Kodak, a transição para a era digital trouxe desafios, e a resistência da gigante da fotografia no século XX em adotar essa tecnologia levou à falência da empresa, em 2012. Após receber auxílio financeiro, a Kodak saiu da falência em 2013, mas suas tentativas de diversificação não foram bem-sucedidas, deixando-a focada em químicos e serviços gráficos. O futuro da empresa permanece incerto. (Para saber mais, acesse: RAMBALDI, M. Kodak: do domínio à falência. **UFRJ Consulting Club**, 17 abr. 2023. Disponível em: www.consultingclub.com.br/post/kodak-do-dom%C3%ADnio-%C3%A0-fal%C3%AAncia. Acesso em: 17 mar. 2024.)

O bom não levará você muito longe. Agora, o excelente, o sonho mais desafiador, é o que fará você alcançar a terra nova para onde estamos nos dirigindo desde o início do livro.

Buscar a excelência pode ser a diferença entre o sucesso e o fracasso.

DOIS LADOS DE UMA MESMA MOEDA: BLOCKBUSTER E NETFLIX

A história da Blockbuster e da Netflix se entrelaça em um momento crucial para ambas as organizações, mas de maneiras diferentes.

A Blockbuster, fundada em 1985 por David Cook, tornou-se rapidamente uma rede com 19 lojas em operação. Após a venda da empresa para Wayne Huizenga, em 1987, a Blockbuster expandiu-se internacionalmente, adquirindo várias redes de lojas e se tornando a principal cadeia de vídeos da América.

Quando a Netflix surgiu, em 1997, como uma empresa de aluguel de DVDs com entrega pelos correios, a Blockbuster ainda reinava no mercado. Tanto que teve a oportunidade de adquirir a Netflix em 2000, por 50 milhões de dólares, no entanto recusou a oferta. Isso porque, na época, a Blockbuster estava em um período de crescimento, registrava receitas bilionárias e acumulava mais de 7 mil lojas físicas abertas. Como a empresa estava confiante em sua estratégia de negócios, só focava expandir o seu modelo convencional de locação de vídeos.

Começou aí a queda da gigante Blockbuster e a ascensão da pequena Netflix. Até que a grande instituição declarou falência em 2010. Contudo, a Netflix se adaptou à era digital, abandonando o serviço de entregas de DVDs pelo correio, posteriormente evoluindo para um modelo de assinaturas mensais e, finalmente, para uma plataforma de streaming.

A Netflix investiu em tecnologia, produção de conteúdo original e estratégias centradas no cliente, o que a levou a se tornar uma líder global na indústria do entretenimento. Atualmente, possui 195 milhões de assinantes e um valor de mercado de 235 bilhões de dólares. E não para por aí: a empresa continua a se reinventar, refletindo a sua capacidade de buscar sempre o excelente.

BUSCAR A EXCELÊNCIA PODE SER A DIFERENÇA ENTRE O SUCESSO E O FRACASSO.

Talvez os três personagens que acompanhamos ao longo do livro – Renato, Mariana e João – estejam pensando: *Ah, Ricardo, mas você está falando de duas empresas estadunidenses, é uma realidade bem distante da minha. Eu tenho duas padarias...* Ou *Sou "apenas" uma líder de CX...* Ou *Comecei a estudar experiência do cliente a fundo agora, como isso tem a ver comigo?*

Claro que a escala é diferente, mas o âmago da questão é o mesmo: é preciso buscar mais. Não estou falando sobre ambição desenfreada ou sonhos megalomaníacos, e sim sobre não deixar de se perguntar: "No que mais eu posso melhorar?", "Em que posso investir?", "Até que ponto posso ousar?".

Em momentos-chave da minha carreira, eu me fiz essas perguntas, e as minhas respostas a elas mudaram a minha vida. Agora é uma boa hora para compartilhar mais um pouco da minha história com você.

VIVA COM PROPÓSITO, BUSCANDO A EXCELÊNCIA

Na introdução, falei um pouco acerca da minha trajetória no mercado de trabalho. Hoje, olhando para trás, percebo o quanto a tecnologia esteve em minha vida – com as devidas ressalvas da época, afinal nasci em 1978, quando os computadores pareciam eletrodomésticos gigantes.

Nasci em um lar classe média, e, nos anos 1980, a TV era quase parte da família de tanto que assistíamos a ela. Já crescido, com 10 anos, ganhei um computador chamado MSX Expert da Gradiente – uma fortuna na época! Sorte que meu pai trabalhava na Fotóptica (que até 1997 se dedicava à fotografia, e, em 2008, passou a vender apenas óculos, adotando o nome Granvision), que lhe fornecia ótimas condições para comprar essas máquinas.

O MSX foi meu melhor amigo por um bom tempo e iniciou minha paixão por computadores, que ficou ainda maior por volta de 1994/1995, quando meu avô se aposentou e comprou um computador para a família toda. Enquanto ele tentava bater recordes jogando Paciência, eu codificava usando a linguagem de programação clipper e sonhava com programas incríveis.

Em 2000, já trabalhando em uma empresa de tecnologia desde 1997, surgiu a ideia de um software de atendimento via chat, período no qual a NetCallCenter nasceu, como já comentei na Introdução. No início, foi maravilhoso. Sentia como se tivesse chegado a uma festa quando a melhor música tocava.

Aos poucos, porém, o cenário foi mudando. Eu me sentia como aquelas crianças em uma loja repleta de doces deliciosos, e os pais dizendo "só escolha um". Estava travado. Além disso, inexperiente, eu era meio "mão de ferro", intolerante, um péssimo líder, admito. Entretanto, o negócio financeiramente ia bem, estava pagando os boletos.

Então, recebi uma proposta para ir para a Avaya e voltar para o mercado, mas em uma posição Júnior. Eu poderia ter pensado: *Ah, está bom aqui na NetCallCenter, vamos comprar a Orbium e ficar ainda maiores. E uma posição Júnior? Ganhando menos... Sei não...*

Contudo, não ir para a Avaya significava renunciar a um sonho, o de me tornar consultor, de fazer carreira em uma multinacional e talvez fazer pela primeira vez na minha vida uma viagem internacional. Cheguei à conclusão de que meus sonhos não estavam à venda. E foi assim que fui buscar o excelente, mesmo já tendo o bom. Essa foi uma das melhores decisões que tomei na vida, porque me proporcionou muitas oportunidades.

Anos depois, eu estava novamente em situação semelhante, que me fez deixar uma posição de executivo, com ótimo salário e vários benefícios na Avaya, para me concentrar na PeopleXperience, uma startup. De novo, meus sonhos não estavam à venda. O que determina minha vida é: aquilo que me faz feliz, aquilo que é excelente, aquilo que pode impulsionar. Não se trata apenas de viver, mas de viver com propósito, de buscar aquilo que nos faz vibrar e nos sentir vivos. É a paixão, a busca pelo extraordinário, que verdadeiramente define o curso da nossa existência. Nunca se contente com o bom, pois ele vai impedir você de chegar ao excelente!

Essa garra também devemos levar para os negócios: perseguir a excelência. É uma jornada constante e desafiadora que nos levará a alcançar nosso potencial máximo. Durante a busca incansável pelo extraordinário, crescemos e evoluímos. Além disso, elevamos o padrão das nossas realizações e inspiramos aqueles ao nosso redor a fazer o mesmo. É isso, aliás, uma das bases de CX do Ritz-Carlton. Que história incrível, não é mesmo?

> **NÃO SE TRATA APENAS DE VIVER, MAS DE VIVER COM PROPÓSITO, DE BUSCAR AQUILO QUE NOS FAZ VIBRAR E NOS SENTIR VIVOS.**

CAVALHEIRO POR UM DIA: A GIRAFINHA JOSHIE

Certa vez, uma família se hospedou no Ritz-Carlton para o Natal. A estada foi maravilhosa e tudo correu bem, mas, ao retornarem para casa, desfizeram as malas, e o pai percebeu que havia esquecido a girafinha do filho. Ele logo pensou: *Já era. Nunca mais vou vê-la.* O problema era que a criança amava aquele brinquedo e ficaria arrasada. Então, o pai teve a ideia – que juro não julgar, talvez eu fizesse o mesmo – de comprar outra girafa e, para dar tempo de a nova chegar, disse ao pequeno que a girafa havia ficado para trás porque passaria o réveillon no hotel.

No entanto, a mãe não aprovou a ideia e insistiu que o esposo ligasse para o hotel para tentar recuperar o objeto perdido: "Não basta ter mentido para o nosso filho? Ligue agora para o hotel e dê um jeito de achar essa girafa!".

E assim fez o pai. Em pouco tempo, o casal recebeu a notícia de que o brinquedo havia sido encontrado e seria enviado de volta por FedEx. O pai, porém, solicitou que não o enviassem imediatamente, que esperassem o réveillon passar, a fim de não ser visto pelo filho como mentiroso. O pessoal do Ritz-Carlton atendeu ao pedido prontamente.

Passado o período de festas, a família recebeu uma caixa. Dentro, havia a girafa Joshie, algumas fotos (veja a seguir) e uma cartinha escrita à mão. No texto, os colaboradores do Ritz-Carlton agradeceram ao pequeno por permitir que Joshie passasse o Ano-Novo com eles, tornando-se agora um "Cavalheiro do Ritz-Carlton". Eles até descreveram as atividades de que a girafinha havia participado durante aquele período, como trabalhar na área de segurança, receber massagens e aproveitar as cadeiras de praia. As fotos eram para "provar" que Joshie havia participado de tudo isso, então mostravam o bichinho de pelúcia em uma espreguiçadeira, aproveitando o sol; fazendo a ronda em um carrinho *buggy*; recebendo uma massagem...

Imagine a emoção da família ao notar todo o cuidado da equipe do Ritz-Carlton. A alegria do filho do casal, tanto ao ter de volta o seu brinquedo preferido quanto em saber que Joshie agora seria sempre bem-vinda quando voltassem ao hotel. A experiência foi incrível para todos!

Essas histórias inspiram colaboradores a pensar em novas maneiras de criar boas experiências para os clientes, buscar o excelente, não se contentar com o bom. Aquele pai e aquela mãe já ficariam bastante contentes em apenas receber a girafa de volta. Isso seria bom. Mas o Ritz-Carlton não se contenta com o bom. Ele foi atrás do excelente, do icônico.

E é isso que uma empresa focada na experiência do cliente deve fazer.

Fonte: Acervo pessoal do autor.

EXPERIÊNCIA INESQUECÍVEL

Você deve se lembrar da minha experiência no Ritz-Carlton, que contei no capítulo 3. Saí de lá maravilhado, pensando: *Tenho que voltar para entender como eles conseguem entregar experiências tão icônicas.* E voltei mesmo, mas para participar de um dos cursos que oferecem: *A Culture of Excellence: Building Success from Within* [Uma cultura de excelência, construindo sucesso a partir de dentro]; com duração de dois dias e um investimento de quase cinco mil dólares – "incrível" em valor, mas muito mais em conteúdo; como tudo no Ritz-Carlton é.

Nesse curso, escutei alguns relatos e tive a oportunidade de participar de uma reunião que o hotel faz durante a troca de turno. Diversos assuntos foram abordados, e um deles era sobre as experiências que aconteceram em outras filiais, como a história da girafa Joshie.

No Ritz-Carlton, tudo contribui para a experiência excepcional que seus hóspedes associam à marca. Cada ponto de contato, cada interação, ajuda a construir a experiência positiva que os clientes do Ritz esperam da rede de hotéis.

E como eles fazem isso? Promovendo a cultura de excelência diariamente, em todos os aspectos do negócio, não apenas no atendimento ao cliente como também envolvendo toda a equipe nessa busca pela excelência.

A rede implementa inúmeras estratégias para criar uma máquina de experiências e garantir um alto padrão de atendimento ao cliente. Uma delas é a criação do Mr. BIV, acrônimo de *Mistakes* (erros), *Rework* (retrabalho), *Breakdowns* (panes/algo quebrado), *Inefficiencies* (ineficiências) e *Variations* (variações), que analisa a jornada do cliente em cada ponto de contato, identificando erros, retrabalhos, ineficiências e variações que possam afetar a experiência do cliente. Em resposta a isso, elaboram mapas da jornada, identificando oportunidades para superar as expectativas dos hóspedes e melhorar continuamente a experiência deles.

Além disso, a empresa enfatiza a importância de manter um baixo índice de rotatividade de funcionários (autointitulados *ladies* e *gentlemen* – senhoras e senhores), selecionando cuidadosamente pessoas que têm afinidade com o atendimento ao cliente e estão dispostas a se dedicarem a oferecer uma experiência excepcional.

O Ritz-Carlton une suas equipes em torno da paixão por proporcionar um bom relacionamento com o cliente. A empresa valoriza a dedicação e o entusiasmo de todos os colaboradores, independentemente do cargo. Reuniões diárias promovem a criatividade e compartilham sucessos. Elas ocorrem a cada mudança de turno, e todos os funcionários participam, sem exceção. Esse encontro, que dura de dez a quinze minutos, é utilizado para rever os objetivos do lugar, discutir o compromisso com a qualidade e manter todos informados sobre o dia a dia. O que está no cardápio, quem está fazendo check-in, todos os acontecimentos são discutidos para que os envolvidos estejam na mesma página.

"Ah, Ricardo, mas a minha equipe não tem esse perfil pró-ativo... E os membros são muito diferentes entre si..." Ok, então qual é o perfil dela? Vamos pensar juntos: as pessoas são diferentes mesmo e isso não é algo ruim. A questão é que precisamos conhecer o perfil delas e aproveitar o máximo de cada uma, de modo a motivá-las a ir atrás da excelência – tanto na vida pessoal quanto na profissional. Falarei sobre isso a seguir.

QUATRO PERFIS DE COLABORADORES

Em geral, nas empresas, existe uma matriz que representa o conhecimento e a motivação dos colaboradores. A linha ascendente simboliza o conhecimento técnico da empresa e o nível de motivação para realizar o trabalho. Dividimos a matriz em quatro partes, identificando esses diferentes perfis, como mostra a imagem a seguir.

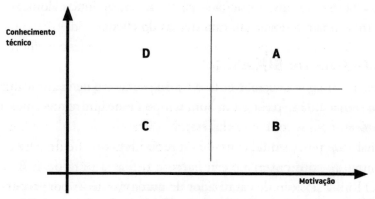

No grupo B, estão aqueles motivados, mas com pouco conhecimento da empresa, geralmente pessoas com menos tempo de trabalho. Apesar da falta de conhecimento técnico, estão dispostos a aprender e contribuir de maneira positiva, mesmo que seja em tarefas simples.

No grupo C, temos as pessoas com pouca motivação e pouco conhecimento técnico da empresa. Essas são as que podem trazer desafios, pois talvez sejam resistentes e pouco colaborativas. É necessário lidar com elas pacientemente, estabelecendo limites e evitando se envolver em reclamações constantes.

Outro perfil é o colaborador com amplo conhecimento da empresa, mas que está desmotivado, geralmente alguém com muitos anos de experiência – estão no grupo D. Essas pessoas podem ser líderes, mas sua falta de motivação pode ser um desafio. É importante sugerir novos desafios ou oportunidades para reacender sua motivação.

Finalmente, no grupo A, está aquele profissional raro: altamente motivado e com amplo conhecimento. Esse é o colaborador com que todas as empresas sonham, aquele que busca crescimento, assume responsabilidades e é admirado pela maioria. Engajá-lo na jornada é crucial para colher seus valiosos contributos.

Ao entender esses perfis e adaptar as estratégias de engajamento para cada um, é possível extrair o melhor de cada funcionário, criando um ambiente mais produtivo e positivo. Lembre-se: nada é tão bom que não possa melhorar. E agora, após esses setes passos, você está mais do que capacitado para criar experiências icônicas e se tornar uma referência em experiência do cliente!

ESCOLHAS DE SUCESSO

Os nossos amigos Renato, Mariana e João já estão colhendo os frutos dessa jornada. Já se passou um bom tempo desde que começamos a trajetória. Vamos ver como eles estão?

João, de profissional cansado da rotina repetitiva e da falta de autonomia, após entrar no seu barco e rumar à terra de CX, se viu em uma posição de catalisador de mudança dentro da empresa. Ele compartilhou suas descobertas sobre CX com colegas de trabalho, inspirando uma onda de interesse e conscientização e transformando a dinâmica da equipe de atendimento ao cliente. O seu gerente, que antes o sobrecarregava com responsabilidades excessivas, aderiu à ideia de implementar a CX na empresa, tornando-se um aliado valioso.

Juntos, João e seu gerente lideram a transição, implementando estratégias centradas no cliente e garantindo que toda a equipe esteja alinhada com a nova filosofia. Essa virada de eventos alivia a carga de trabalho de João e dos demais colegas e fortalece a parceria entre líder e liderados. Hoje, o rapaz desfruta de um ambiente de trabalho mais estimulante, no qual sua dedicação à experiência do cliente é valorizada. Ele não apenas conquistou seu objetivo de evoluir na carreira, mas também se tornou um agente de mudança positiva, deixando um legado de inspiração e inovação no cenário empresarial.

A recém-líder de CX, Mariana, ao enfrentar desafios com resiliência, consolidou seu papel como líder inovadora na área de experiência do cliente em uma empresa B2B. Seu projeto direcionado a clientes de médio porte, anteriormente negligenciados, ganhou destaque ao conquistar o crucial apoio da diretoria. Com sua visão estratégica, introduziu programas de fidelidade personalizados, fortalecendo laços com os clientes e aumentando a retenção. Além disso, promoveu treinamentos contínuos para a equipe, capacitando todos para oferecer soluções personalizadas e eficazes.

A equipe liderada por Mariana está mais engajada do que nunca, refletindo a compreensão crescente de todos os setores sobre o valor tangível do CX. A reviravolta assegurou a permanência de seu departamento, que antes corria riscos de cortes, e solidificou a visão dos diretores, que agora reconhecem plenamente a importância estratégica de uma experiência do cliente excepcional na empresa. O sucesso de Mariana transformou a dinâmica de sua equipe e estabeleceu um padrão de excelência que ressoa em toda a organização. Hoje, o departamento de CX não é apenas uma necessidade reconhecida, mas também se tornou um diferencial competitivo para a empresa, alimentando uma cultura centrada no cliente, que permeia todos os aspectos do negócio.

Quanto a Renato, ele superou as limitações orçamentárias e se dedicou a aprender sobre experiência do cliente por meio de livros e cursos idôneos. Ao implementar mudanças pontuais em sua padaria, com foco estratégico em duas personas – profissionais que trabalham nas redondezas e idosos residentes próximos –, ele adaptou suas práticas de atendimento para suprir as necessidades específicas de cada grupo. Os resultados financeiros positivos começaram a se manifestar, indicando um caminho sólido para a expansão da padaria em um horizonte mais breve do que inicialmente previsto.

Essa estratégia fortaleceu os laços com a comunidade e impulsionou o crescimento do negócio. A padaria, agora, é um local para comprar produtos e um espaço que reflete o cuidado e a consideração pelas preferências de seus clientes. Hoje, Renato se sente realizado e otimista diante do sucesso alcançado. A abordagem centrada no cliente, além de proporcionar resultados financeiros sólidos, construiu uma reputação positiva para a padaria, tornando-a um espaço que possibilita uma experiência única e acolhedora – exatamente como a memória afetiva da infância do empresário.

E você? Quais frutos já está colhendo? Quais os seus planos? Quero saber! Adoraria continuar essa caminhada com você para além das páginas deste livro. Não hesite em me contatar nas redes sociais. Basta acessar o QRCode a seguir.

Ei, isso ainda não é uma despedida, ok? Não feche o livro ainda! Temos um encontro importante no próximo e último capítulo. Vejo você lá!

**LEMBRE-SE:
NADA É TÃO BOM
QUE NÃO POSSA
MELHORAR.**

O CAMINHO DO CLIENTE
@RICPENA

11. O FOCO AGORA É VOCÊ

"O ÚNICO LIMITE PARA O NOSSO SUCESSO É O NOSSO PRÓPRIO MEDO."
Earl Nightingale[88]

---

[88] NIGHTINGALE, E. **Nightingale-Conant**. Disponível em: www.nightingale.com/authors/earl-nightingale.html. Acesso em: 17 mar. 2024.

Vamos falar sobre você. É isso mesmo, o foco agora é você, e não o cliente.

Afinal, você é parte fundamental dessa jornada – e uma trajetória de sucesso ao que tudo indica, pois cá estamos no último capítulo!

Não é pouca coisa, muito pelo contrário. Cruzamos um mar revolto juntos, e isso, por si só, já é motivo para celebrar. Você se manteve firme em seu propósito de dominar a arte de criar experiências incríveis para o cliente. Então, com sinceridade, digo: parabéns por investir seu tempo na leitura deste livro.

Ao passar pelos sete passos do método Mapeamento da Jornada do Cliente, você expandiu seu conhecimento e adquiriu ferramentas valiosas para se destacar em seu campo. Lembre-se de que o aprendizado é a chave para o crescimento contínuo, e você já está muito bem equipado com insights poderosos para elevar o padrão do seu trabalho.

Coloque em prática o que aprendeu em cada página. Não chegamos até aqui para "morrermos" na praia, certo? Assim, não deixe o seu mapeamento de jornada esquecido dentro de uma gaveta, ou virando peça de museu, apenas um quadro pendurado na sua sala. Leve-o adiante, aperfeiçoe os detalhes dele quando necessário (e será, pois é um processo em constante mudança) e siga firme. Os resultados virão!

Se chegou até aqui, penso que deseja ser um agente de mudanças. E isso é importante demais. São pessoas como você que tornam o mundo um lugar melhor, e não estou exagerando. Quando alguém busca soluções para melhorar a vida do outro, ajuda a fazer o bem. Não há nada mais transformador e inspirador do que isso.

Assim, use essa determinação para inovar em soluções que influenciem positivamente a experiência do cliente, criando laços mais fortes e duradouros. Cada interação é uma chance de impactar de modo significativo e, munido com essas estratégias, você está capacitado para elevar não só a satisfação do cliente, mas também continuar a sua própria jornada rumo à excelência.

Se você é do meu time, dos que querem sempre fazer mais, tenho uma proposta: o que acha de propagar esse conhecimento com outros colegas? Que tal nos unirmos nessa missão de divulgar tudo o que a experiência do cliente é capaz de oferecer? Legal, não? Compartilhe com seus colegas de trabalho, amigos, chefes, líderes tudo o que vimos. Acredito na força da comunidade unida em um propósito do bem.

Levei bastante tempo para chegar aonde estou, como já lhe contei ao longo do livro. Mas posso garantir: o fato de compartilhar o que aprendi em cada pequeno passo me ajudou muito – não só para validar a qualidade daquele material, mas para ficar atento em relação a como colocá-lo em prática. Com o passar dos anos, a minha paixão pelo mapeamento da jornada do cliente não ficou contida, pelo contrário, senti a necessidade de falar sobre a metodologia com mais pessoas. Encorajo-o a fazer o mesmo. Torne-se, assim como eu, um evangelista da jornada do cliente: aproveite todas as plataformas (workshops, palestras, reuniões de equipe e até conversas casuais) para mostrar a importância de entender, mapear e aplicar a jornada do cliente. E use e abuse deste livro para isso!

Lá no início, eu dei um spoiler, disse que você terminaria esta leitura apaixonado por experiência do cliente. Acertei ou não? Acredito que sim, mas, em todo caso, pode responder diretamente para mim se quiser – já sabe quais são as minhas redes sociais. Será um prazer trocar ideias com você.

Ao encerrarmos este livro, marcamos não o fim, mas o ponto de partida para novas descobertas na arte de mapear a jornada do cliente. Vá fundo, visando sempre conectá-la com o coração humano.

QUANDO ALGUÉM BUSCA SOLUÇÕES PARA MELHORAR A VIDA DO OUTRO, AJUDA A FAZER O BEM. NÃO HÁ NADA MAIS TRANSFORMADOR E INSPIRADOR DO QUE ISSO.

O CAMINHO DO CLIENTE
@RICPENA

Agora você já tem o poder em suas mãos, chegou a hora de continuar a sua jornada de criar experiências icônicas, repleta de novos desafios. Além de muito grato por você ter me acompanhado até aqui, estou bastante animado só de imaginar as soluções fantásticas que vão partir de você! Conte sempre comigo!

Vamos nos falando, ok?

Sucesso!

Este livro foi impresso
pela gráfica Assahi em
papel lux cream 70 g
em maio de 2024.